己亥冬

中國大書法

张华庆 主编

图书在版编目（CIP）数据

文博巨擘　鉴藏大家 / 张华庆主编 . -- 上海：上海书画出版社，2020.4
（中国大书法）
ISBN 978-7-5479-2297-2

Ⅰ . ①文… Ⅱ . ①张… Ⅲ . ①收藏家－生平事迹－中国②汉字－印谱－中国－清代 Ⅳ . ① K825.41
② J292.42

中国版本图书馆 CIP 数据核字 (2020) 第 058015 号

本期执行编委：熊洁英
本期图文编辑：李淼焱　倪国庆
本期电脑制作：卞术春
办　公　室：
李殿高　李淼焱　潘　达　戴建成　马　越

北京编辑部地址：
北京市朝阳区高碑店文化新街 2 号
中国硬笔书法协会
邮政编码：100068
编辑部电话：010-63051095　63050722
电子邮箱：zgdsfzz@163.com

中国大书法
七十周年特辑
张华庆 主编

责任编辑：曹瑞锋
审　　读：陈家红
技术编辑：顾　杰
装帧设计：王　峥 熊洁英

出版发行：上海书画出版社
地　　址：上海市延安西路 593 号
网　　址：www.shshuhua.com
E-mail：shcpph@163.com
制版印刷：北京金港印刷有限公司
经　　销：各地新华书店
开　　本：210×288　1/16
印　　张：180 千字　10.25
版　　次：2020 年 4 月第一版
　　　　　2020 年 4 月第一次印刷

书　　号：ISBN 978-7-5479-2297-2
定　　价：50.00 元
若有印刷、装订质量问题，请与承印厂联系

中國大書法

卷首语

张华庆

为庆祝中华人民共和国成立70周年，全面贯彻习近平新时代中国特色社会主义思想和党的十九大精神，进一步“弘扬中华文化、践行大书法”，由中国硬笔书法协会举办的庆祝中华人民共和国成立七十周年“祖国万岁”全国第四届硬笔书法家大书法作品国展终评在天津成功举行。

四届国展自征稿启事发布，经过5个多月的时间征稿，收到来自全国各地的硬笔书法、毛笔书法、篆刻、刻字作品数以万计，创下中硬书协历届国展各类投稿作品（硬笔书法、书法、篆刻、刻字）数量之最。书法作品创作形式有册页、手卷、小品等，创作书体涵盖了包括甲骨文、金文、简帛书等在内的篆隶楷行草等多种书体，刻字和篆刻作品创作形式新颖，可谓精品层出不穷。

不忘初心之志，创造艺术之美，以精品奉献人民，用明德引领风尚。终评以计票形式进行。经过评委严格、认真的评审，最终评出毛笔书法、硬笔书法、篆刻、刻字共计入展作品360余件。其中刻字作品30件左右。这次国展是中国硬笔书法协会倡导多元并行、古为今用，弘扬传承中华文化，笃实践行大书法创作的一次大检阅。

大书法概念的基本定义是以汉字为载体，包括各种书写和锲刻工具所创造的艺术作品，如书法、硬笔书法、篆刻、刻字等。从概念的外延上来看，大书法涵盖毛笔书法、硬笔书法、篆刻和刻字等四个子艺术门类，与通常所使用的书法概念相比属于广义的书法概念。在2017年中国硬笔书法协会第六次会员代表大会上，“大书法理念”被作为硬笔书法事业发展的宗旨写入了中国硬笔书法协会的章程，“章程”就是国家级社会组织的“宪法”，我们要不遗余力地在海内外推动大书法的践行。大书法不仅是一个艺术概念，同时也是一个文化概念，“传承中华文化”与“践行大书法”是一体的，践行大书法的本身就肩负着传承中华文化的使命。中国硬笔书法协会在2006年举办全国首届硬笔书法国展之后又相继举办了全国第二届、第三届硬笔书法家作品国展，可以说展览的作品水平一届比一届都有空前提高，在书写的功力、创作的形式、装帧设计都取得了突破性成功。二届、三届国展的重要一点是因为大书法理念的倡导，使得硬笔书法艺术创作与硬笔汉字书写泾渭分明，将硬笔书写工具创作的汉字作品提升到艺术境界，逐步解决了硬笔书法是什么，应该走向何方的问题。倡导广大作者软硬兼施、刀笔并进，将更多的中国传统文化元素引入到用各种书写工具和锲刻工具所创作的汉字艺术作品中。本届国展中大量的册页、手卷、条幅等丰富多彩的装帧形式和全面继承传统书法艺术的真行草隶篆各类书体的精湛书写和锲刻，有力地证明了这一点。随着大书法理念的不断深入人心，作为当今世界上最大规模书法团体的中国硬笔书法协会从二届国展开始就在展览中践行大书法的理念，是充分展示集硬笔书法、毛笔书法、篆刻、刻字于一体的大书法艺术视觉盛宴。“大书法”与大小无关，它的艺术理念的广阔内涵在不断地得到充分的诠释和张扬，这种展览的尝试获得了海内外书法界逐步的认同，取得了显而易见的成功。可以说大书法创作的生命力来源于书写者内心的精神气度，大书法创作就是囊括万殊，裁成一相，以汉字的书写和锲刻来表现天地万物之变化，将鲜活的生命精神融入到字里行间。大书法创作理念以其精彩纷呈的艺术表现形式，诠释了当代书法在精神气象上与传统对接、与时代共振的新时代的艺术品位的高度、深度、广度，大书法的艺术创作才是中国汉字文化最完美、最充分的艺术表现形式。

荣获中国书法最高奖“兰亭奖艺术奖”榜首的韩天衡先生是当代“最受尊敬的篆刻家”，近期在中国国家博物馆举办的“守正求新——韩天衡艺术展”盛况空前，早在20世纪70年代中期沙孟海先生称赞韩天衡的篆刻“为现代印学开辟一新境界”，书画印艺术大家韩天衡先生对推动当代书法篆刻艺术复兴，促进艺术传承与创新可谓贡献巨大。本期介绍的杨仁恺先生是当代著名的文博学者、书画鉴赏大师、博物馆学家、书法大家，有“国眼”之誉。其贡献杰出，被授予了“人民鉴赏家”荣誉称号。杨仁恺先生是德高望重的先辈，是学界的泰斗和典范。攀登时代书法艺术创作的高峰之路是书法大家吴善璋先生毕生为之奋斗的目标。吴善璋的书法艺术创作已经步入卓越境界，本刊特辟“后乐堂·新作”专栏介绍吴善璋的书法艺术。白蕉先生是传承二王一脉书风最到位的近现代书法史上杰出的帖学大家，诗书画印兼擅的全能型艺术家，是20世纪帖学复兴运动的标志性人物。前不久我的学生宿国峰赠我一本1949年出版的《白蕉书钢笔真行草字范》，让我们看到白蕉的硬笔书法也独领风骚。张俊教授《大书法理念释读》是一篇全面阐释大书法理念的论文，推荐读者阅读。

以习近平新时代中国特色社会主义思想为指导，全面贯彻落实党的十九大精神，加强学习力、思想力、创造力、凝聚力、执行力，以奋斗的精神推动大书法的践行是我们的己任，让我们携手走进新时代，共创新辉煌，为中华民族伟大复兴的中国梦做出贡献。

目录

大书法研究

翰墨天下

硬笔纵横

篆刻品题

刻字寻真

大书法讲堂

书苑丛谈

大书法展厅

资讯

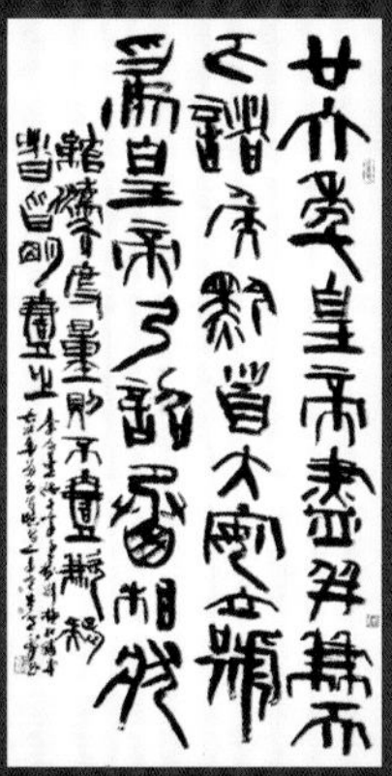
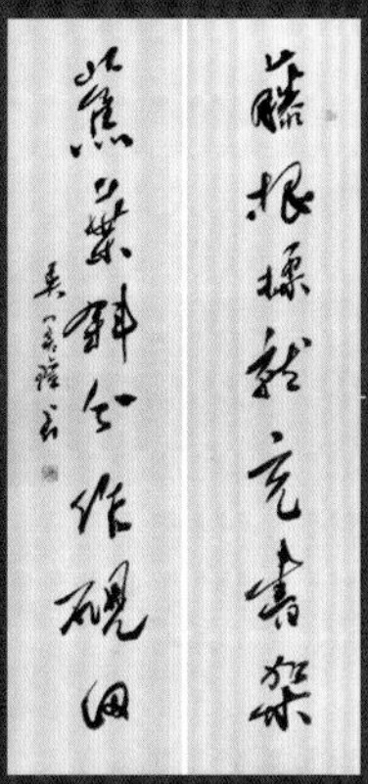

中國大書法

翰墨天下

杨仁恺（1915–2008），号遗民，笔名易木，斋名沐雨楼，四川岳池人。中国现代最著名的文博学者之一、书画鉴赏大师、书画大家、博物馆学家、美术史家。曾任中国古代书画七人鉴定小组成员；辽宁省博物馆名誉馆长、文史研究馆名誉馆长；鲁迅美术学院名誉教授、人民大学国学院教授、中央美术学院研究生导师等职。辽宁省人民政府授予了“人民鉴赏家”荣誉称号，被誉为“国眼”。

文博巨擘　鉴藏大家

——谈杨仁恺艺术

李 冰

杨仁恺先生是当代著名的文博学者、书画鉴赏大师、博物馆学家、书法大家，有“国眼”之誉。其贡献杰出，被授予了“人民鉴赏家”荣誉称号。杨仁恺先生是德高望重的先辈，是学界的泰斗和典范。他才赋深、学养厚、眼界广，但是待人却极谦和，遇之如春风，接之如冬阳。我至今还清晰地记得20世纪90年代的第一个春天刚刚来临的时候，我和著名书家张华庆先生从大连到沈阳拜谒杨仁恺先生。沈城的早春余寒犹厉，冻风时作，我们俩踏着刚将融化的积雪来到当时的辽歌大院，几经周折往返，最后在热心的门卫老大爷的指点下，扣响了杨老的家门。开门的是杨仁恺先生的夫人刘文秀先生，当我们自我介绍并说明来意之后，她微笑着轻声细语地请我们进门。这时杨老从房间中走出，连说欢迎欢迎，并将我们引进了客厅。我们望着这位名扬海内外的大学者，毫无架子，竟是这样的慈祥、和蔼、可亲、可敬，我们在外奔波时身上的寒气一扫而光，给人如沐春风的温暖。杨老夫人送来的清茶也温暖着我们的心。杨老见我们有些局促，便主动地问我们大连近来的天气如何，他的几位老朋友身体都好吗，并说上次来大连没有找到罗继祖先生新搬的住址，下次去一定要看望他，言语中流露出对老友的思念。我们将所见所闻一一告知，气氛顿时活跃起来。见先生谈兴上来了，我们便提出问题，随后静心地听他侃侃而谈。近三个小时的交谈中，我们跟随先生在艺海中遨游。普天下的书画国宝，不论是国内的或国外的，绝大部分都已经过他的法眼了，他眼中胸中藏有多少国宝，恐怕除他自己而外，很难有人能估量。他的饱学，使我们大长见识。杨老睿智、风趣的谈话，使我们获得了少有的轻松和愉悦。杨仁恺先生对晚辈的关心和爱护，感动着我们的心，让我们幸福欣喜，让我们难以忘怀。杨老留给我们的第一印象是一位读书人、书生、大学者、研究家的亲切与祥和。

杨仁恺先生1915年10月出生于四川岳池县之书香世家，父亲为岳池商会会长。杨仁恺先生幼读私塾，早年丧父，家道中落，勉强完成旧制理科。少时酷爱历史，喜欢书法绘画，靠着自己的努力和勤奋，逐渐走入中国书画艺术的殿堂。杨仁恺一生以“穌溪人士”“穌溪遗民”或“穌溪仁恺”自署。据考证，宋代蜀地，岳池名曰“穌溪”，也有考证曰曾有流经岳池之溪水曰“穌溪”。作为书画鉴定大家，杨仁恺先生经过半个多世纪的艰辛历程，探颐索

1942年杨仁恺与刘文秀在重庆沙坪坝结婚留影

青年时代的杨仁恺

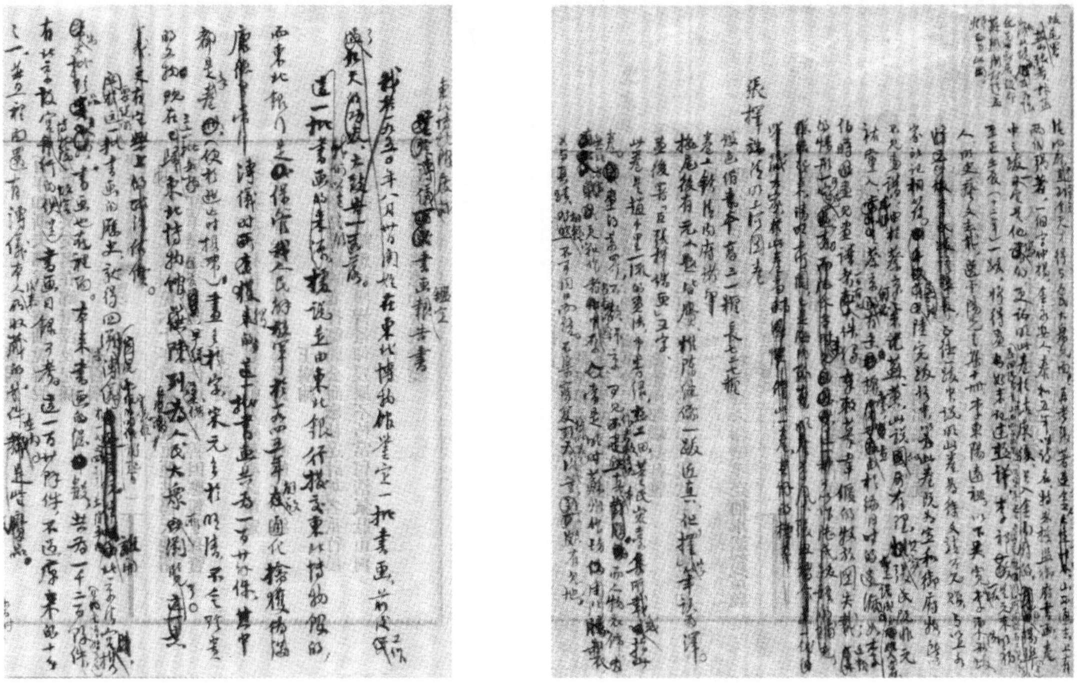

1950年东北博物馆庋藏溥仪书画鉴定报告书及鉴定笔记（局部）

隐，他的著作和文章涉猎艺术史论、艺术考古、中国古代书画鉴定理论与实践，这些都是中华民族传统文化的瑰宝。等身的著作，奠定了杨仁恺在中国文化界的重要地位。杨仁恺先生的《中国书画鉴定学稿》等鉴定著作又耸立为这一学科中的一座巍峨丰碑，饮誉海内外，成为构筑中国书画鉴定学科体系的艺术史学者。

中国书画艺术源远流长，早在五六千年前甚至更早的原始社会时代，绘画即已出现于岩崖和器物的图腾之中。有些学者把新石器时代器物上的纹样作为文字的雏形，原始的图像文字只是一些简单的图像或符号，大多数人则认为中国书法的起源应从殷墟甲骨文开始。甲骨文呈现了字的形体美，这就使得汉字的结构由原来的对客观事物的模拟，渐渐形成为含有艺术造型的形体，从而为文字书写得以升华为书法艺术奠定了形式上的基础。春秋以前，图书典籍只保存在政府手中，私人是不容许保藏的，懂得并能书写文字的也只是少数人。春秋末叶，私学兴起，开始打破了贵族对文化的垄断，懂得文字并能书写的人也多了起来。先秦时期虽然还没有形成书学，不过，从甲骨文、金文到石鼓文，不难看出，古代汉字书写经过长期的实践和经验的积累，终于萌生出书法这门艺术。杨仁恺先生认为，书法真正形成为艺术品，是始于魏晋之际。他的《中国书画鉴定学稿》把书法鉴定

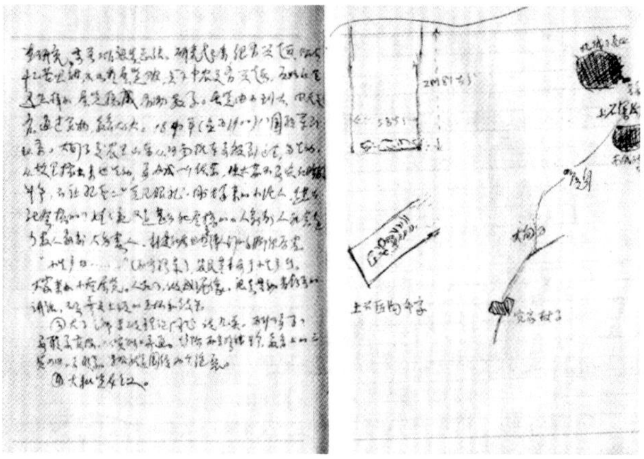

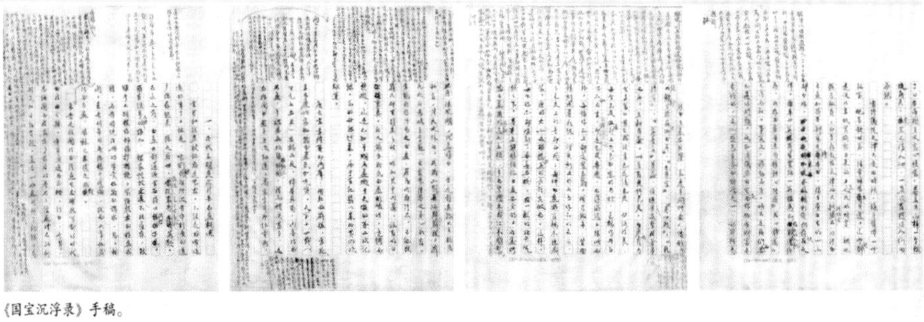

《国宝沉浮录》手稿

的范围定在以“魏晋时代为开端”，他认为“此时既有文献可考，又有实物可证”，书法鉴定“事实上已进入成熟领域”。这是因为魏晋起把书法“纳入卷轴的形式，适合收藏保存”，故起到决定因素的关键问题在于书法作品“装裱成轴与否”。在此之前，秦碑汉碣虽有少数出自名手，但大部分作者无考，因为此时尚未形成专业；而且当时书法尚游走于实用功能之间，当时的作者并未将其作为艺术作品来进行有意识的艺术创作，也没有“艺术财富私有”的观念。书法创作进入艺术领域经历了一个由低级到高级的发展过程，先是为歌颂宫廷、帝王、功臣、名贤、烈女服务，然后逐步扩大视野，面向社会、面向自我、面向人生，创作范围广为开拓。与此同时，人们的审美能力也不断充实、不断提高。最后，书法成为文化生活中不可或缺的组成部分。书法的作者由工匠到书吏，最后发展为超越群工的书法家。其作品经过历代藏家庋置、鉴家品评，各种论说著述随之兴起，蔚然成风。然而人异言殊，各有见地，莫衷一是。杨仁恺先生从宏观的角度对这些著述进行归纳，认为大体可从哲学和历史学两个方面阐述它们的意义。哲学中的美学观点“既支配书家的创作思想，同时也指导着鉴家的欣赏水平。扩而大之，直接和间接涉及人们的文化修养与素质的不断增进，所以借此可以衡量国家民族教育高下之标尺”。而从历史学方面观之，“前人的大量文献，汗牛充栋，不外以各自的历史观来阐明每一时代、每一作者、每一流派的历史，任读者披览，从中获得启发”。但是这些著述和观点仁者见仁，智者见智，千差万别。对后人来说，此中的关键问题不仅是对作品的欣赏及对藏品来龙去脉的考订，更重要的是对书画本身真赝的鉴定，因为这一点决定了作品的全部命运。

我国的书画鉴定是有悠久传统的，最早可以上溯到六朝。但是，千余年来，只有著录和简略的品评，没有详尽的论证。因为以往的鉴定，主要是靠目验和有关的著录题跋，没有更进一步的科学论证，更没有近现代的科学手段，所以也没有一部专门讲述书画鉴定的著作。直至20世纪中期，才有张珩先生的《怎样鉴定书画》一书问世。张珩先生是举世公认的大鉴定家，可惜早逝，这部书是他的一次讲演录，而且还是他去世后经老友整理的。所以从篇幅来说只是一本小册子，但从质量来说无疑是他毕生经验的总结。然而被过小的篇幅所限制，不能尽其所能述。到了20世纪80年代，又有徐邦达先生的《古书画鉴定概论》出版。徐老是书画鉴定的大家，众所公认，本书文字十多万，附图百幅，比张珩先生的书大大扩充了，可以说是书画鉴定学方面的一大跃进。到了20世纪最后一年的10月，杨仁恺先生花了极大的精力写出了约60万字的《中国书画鉴定学稿》的问世，成为鉴定学方面的煌煌巨著。凡鉴定学方面的有关问题，如时代、风格、流派、款识、著录、题记、印鉴、装裱、流传、收藏、真伪等等，无不详细论述，结合插图，读者更觉亲切，如同耳闻目见。这无疑是书画鉴定方面的一部带有阶段性的巨著。中国的古书画鉴定虽然已经传承了千余年，可惜一直没有系统地整理并加以科学化、理论化。幸由张珩先生开头，中经徐邦达先生扩大，到杨仁恺先生总其大成，并定名为“鉴定学”，这是一个划时代的飞跃。把中国的古书画鉴定作为一门“学科”来看，来建设，这是完全符合这门“学科”的实际的。“鉴定学”的建立，是对古代和当代许多鉴定家的成就、学识和经验的肯定和综合。同时，对其他古文物方面的鉴定也具有积极的意义。“鉴定学”这个“学科”建立后，还会不断提高，不断地更加科学化，随着时代的发展，可能还会有更先进的技术手段。所以，杨仁恺先生提出“鉴定学”这个概念，是对我国文化建设的重要贡献，也是对文博事业的一项重要建树。

历代书画鉴定使用的方法，民国以前向上推，主要是依靠著录进行书画鉴定，但著录都是按照作品内容现状加以描述，所得的是正面材料，很难找到对立面，启发观者更深一层思考，致使鉴定者对作品停留在一般的理解，即是知其然而不知其所以然。后来的鉴定家也常有靠著录行事者，就是今日文物拍卖行中也还在使用此种方法，虽然未可厚非，但作为一个有独立思考能力的鉴藏家，单凭著录为准未必算是真正的鉴藏者，顶多只能算是好事者或者爱好者。事实上，历代载入著录之作品毕竟少而又少，而未曾入著录之作，真迹多有。况历代著录内容并非全部可靠，所以不能完全照著录办事，而需要提升各自的鉴别能力或眼光。其途径有四，一靠广泛的历史和文学知识，二靠对美术史的深入理解，三靠博闻强记，四靠阅览大量真作品。一句话，就是要有清晰的学识和实践的经验，两者不可偏废。

鉴定古代书画作品，不可能用鉴定青铜器和陶瓷诸工艺品的办法，将光谱学和化学分析等现代科学手段来断定年代和真伪。至少在今天还未发明更有效的手段代替“目鉴”事实上，鉴别书画不掌握宏观综合理念，必有顺此失彼的差误，产生不得其门而入的困惑。鉴定不等于猜谜，即使是猜谜也需要通过细致地思考去丢识破它。故鉴定必须综合运用自己掌握的客观认识，然后根据具体作品的诸般条件，进行微观分析，找出其客观存在的若干特点，两者综合在一起之后，再对照事物加以分析比较，发现其差异性和共同性。在这些步骤上面必须尽可能客观，丝毫不可大意，要用医生诊断病情的科学态度，严肃认真地进行，哪怕是极小的地方，也不能放过。应该指出，前人的鉴定方法以

①

②

③

④

⑤

⑥

⑦

⑧

⑨

⑩

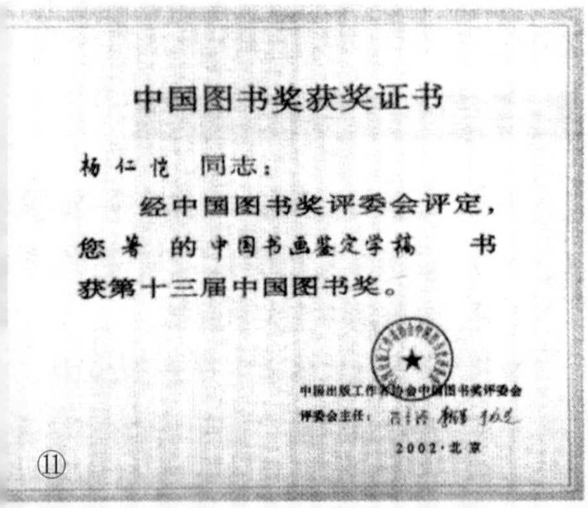

中国图书奖获奖证书

杨仁恺 同志：

经中国图书奖评委会评定，您著的中国书画鉴定学稿 书获第十三届中国图书奖。

中国出版工作者协会中国图书奖评委会

评委会主任：

2002·北京

⑪

⑫

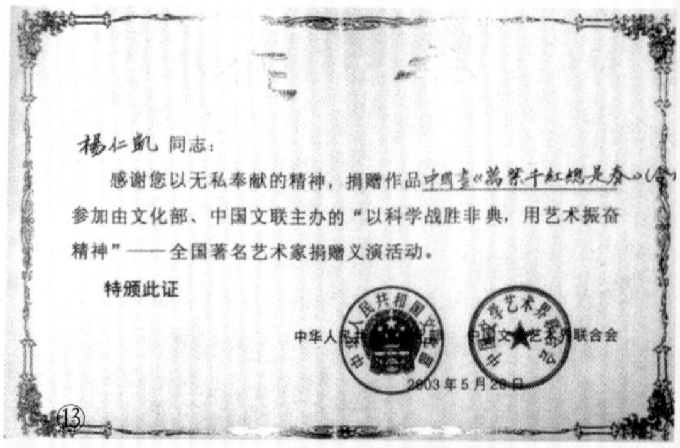

楊仁凱 同志：

感谢您以无私奉献的精神，捐赠作品中国画《萬紫千紅總是春》(含)参加由文化部、中国文联主办的“以科学战胜非典，用艺术振奋精神”——全国著名艺术家捐赠义演活动。

特颁此证

中华人民共和国文化部 中国文学艺术界联合会

2003年5月20日

⑬

杨仁恺 我善养我浩然之气

在兴趣欣赏方面居多。古书画鉴定是随着书画鉴定走向成熟阶段后，逐渐派生出来的一种学问。初而偏重欣赏，由于五世纪复制业务的开端，因而产生了真赝之辩。书画鉴定学所担负的职能，首先是鉴别历代作品的真赝。如果真赝混淆，就无法辨清历史发展的脉络，出现一派杂乱现象，致不能条理分明、综合分析，也不能阐明书画史前后发展历程的轨迹。如果有人据之著书立说，亦将导致错误的结论。鉴定学本身作为必要的科学手段，必须用以对历代书画作品重新加以鉴别，分清真赝，列出等级，为书画史家研究历史发展打下坚固的基础。

中国书画鉴定从魏晋南北朝到唐宋元明清，走过了一千多年的历程，在书画鉴定史上留下了许多闪光的名字。南朝虞龢、陶弘景，唐代虞世南、褚遂良、薛稷、王方庆，宋代米芾、王诜、邓椿，元代赵孟頫、柯九思、鲜于枢、郭天锡，明代文徵明、项元汴、董其昌，清代梁清标、安歧、高士奇、孙承泽，都是享誉一时的名家高手。中国古代书画鉴定家有一个共同的特点，就是经验丰富、目力过人，而且本人多为书画高手。1949年以后，张珩、谢稚柳、徐邦达、启功、杨仁恺、刘九庵、史树青、王以坤等先生致力于中国历代书画鉴定的研究，硕果累累。1964年，张珩《怎样鉴定书画》的发表，首次提出时代风格和个人风格是书画鉴定的主要依据的观点，意义巨大，它给书画鉴定界带来一种系统研究的先例。在这个基础上，出现了几位具有代表性的鉴定大家，分别是谢稚柳、徐邦达、启功、杨仁恺。他们在书画鉴定上各有所长，各具特色，形成了当代中国书画鉴定的主要流派。谢稚柳先生是艺术鉴定的代表人物，他从书画艺术的本体，包括意境、格调、笔法、墨法、造型、布局等特征入手进行鉴定，这是书画鉴定最直接的路径，是鉴定的筑基功夫。鉴定学中以艺术鉴定最难。如果是艺术鉴定能解决的问题，一般无须依靠其他方法进行佐证了。因此，优秀的书画家加上深厚的书画史论功底，便是当然的优秀鉴定家。古代鉴定家往往都是书画的行家里手，原因也基于此。正是从这一角度上，传统鉴定的“望气”方法才有着十分重要的地位。在当代书画鉴定家中，徐邦达先生鉴定著作丰富，是技术鉴定的代表人物。他以大量的鉴定论文，从各个方面详尽地对书画鉴定进行论述。从他的论著中，我们注意到，徐邦达在目鉴之外特别注重考订，诸如题款、题跋、印章、纸、绢绫、装潢形制、著录等等，无不精心审察，一一分析。他用极其严谨的科学态度，对书画作品进行客观的研究，其鉴定手法确实具有系统性、可操作性和可传授性。运用著录是徐邦达签定古代书画的切入点，也是他鉴定的特色之一。著录虽属辅助依据，但徐邦达将它运用到极致，往往可得出正确的判断。学术鉴定派的代表人物是启功先生，他的书画鉴定具有另一种特色，为其他鉴定家难以取代，即他以学问支撑鉴定。他对中国古典文学、文献学、目录学、版本学、考据学、历史学、音韵、训诂、书法等均有很深的造诣，故而他在历代书法碑帖的鉴定和文献考据方面，具有过人之处，为书画鉴定学做出特殊的贡献。《启功丛稿》是启功唯一收录书画鉴定文章的集子，他在前言中以谦虚的口吻透出无比的自信，

左页图片说明

① 2007年7月，李瑞环看望病中的杨仁恺先生
② 2006年主持“中日书法国际学术研讨会”
③ 主持“中国古代书画艺术国际学术研讨会”
④ 在上海博物馆鉴定书画
⑤ 鉴定组成员于北京故宫博物院合影
⑥ 鉴定书画
⑦ 参加“第四届国际书学研究大会”
⑧ 在美国克利夫兰参加国际学术研讨会
⑨ 2005年10月，在京参加故宫博物院八十周年院庆
⑩ 2004年11月12日，辽宁省博物馆新馆开幕式
⑪《中国书画鉴定学稿》获第十三届中国图书奖
⑫ 荣获全国文化系统先进工作者奖章
⑬ 文化部、文联颁发全国著名艺术家捐赠义演活动证书

到處熊郎笑面迎似曾相

識異城人不因以語為相

機鳥有露屏一盆通

访美雅咏之一 癸未冬 八十九叟 解深仁愷書

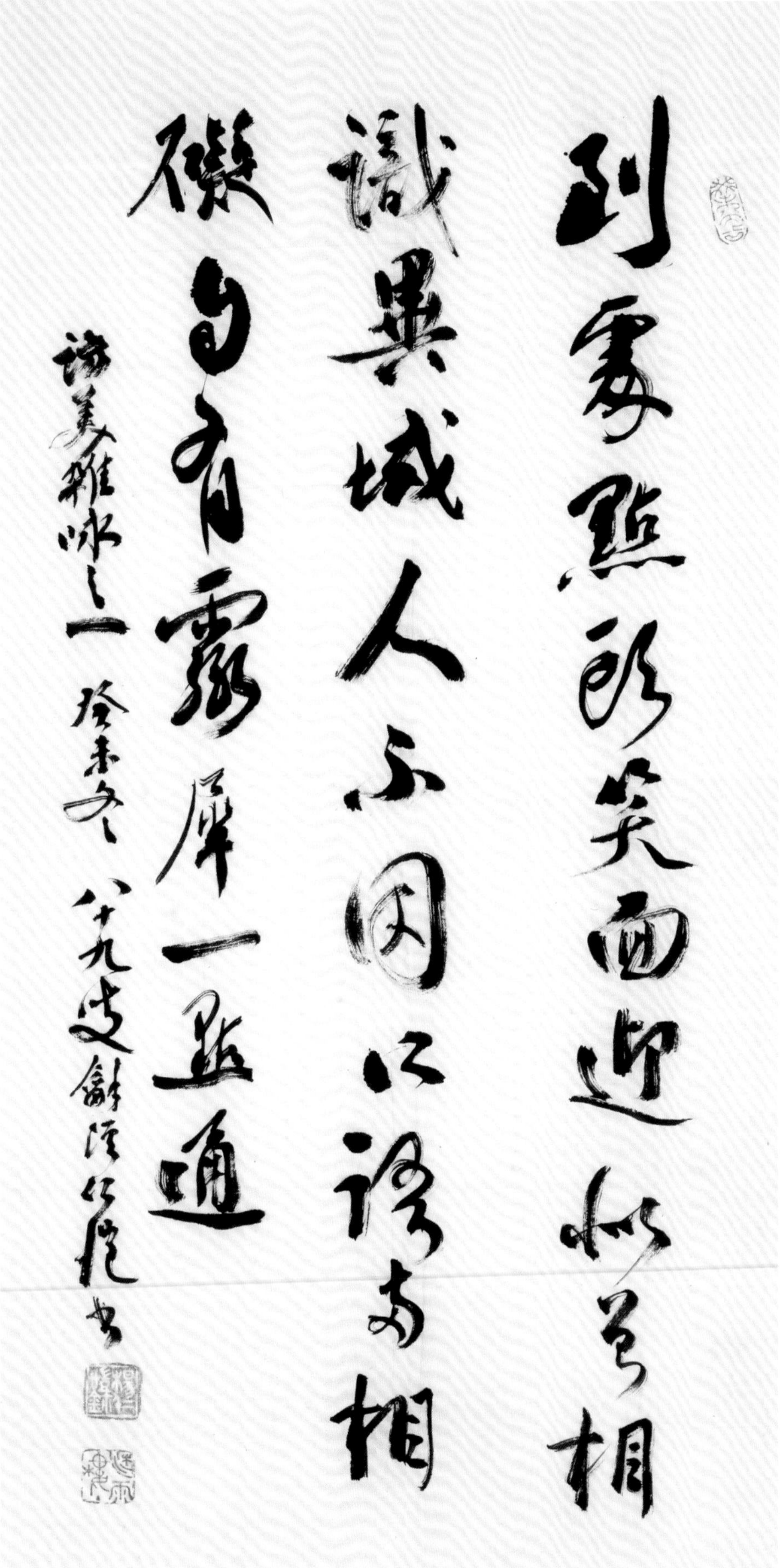

杨仁恺 访美杂咏之一

足以证明这是他的得意之作，其鉴定的得失也尽在其中了。由于启功对书法的偏爱，加上他对文字学、文学、历史研究的深入，他的鉴定以对书法碑帖的考据为主、绘画鉴定为辅。他在历代书法碑帖的考证上功力过人，但多不从用笔、风格等本体语言出发，而重在考据，形成了自己的鉴定特色。杨仁恺先生是比较研究鉴定法的代表人物。他将鉴定时一切在潜意识中活动着的对于笔墨、样式、纸绢、装裱、印章、款识等的思考，都搬到了一个可以进行实际操作的显性平台上，因而它是可验证、可反推、可校正甚至可计算的，也是趋于科学理性的。杨仁恺先生在书画鉴定中所做的比较研究，包括将一位书画家的作品与其代表作或公认的真迹进行比较，将同一时代或同一地域的诸多作品进行比较，将书画家一生中不同时期的作品进行比较，将书画家的作品与其从前及其后起的流派作品进行比较等；具体到每件作品，又将它的笔法、墨法、造型及构图等要素进行比较，同时，将题跋、印章及著录等因素作为必要参考。可见杨仁恺先生是将这些关乎创作本身的诸要素作为其书画鉴定的主要依据的。杨仁恺在实际的书画鉴定中，倡导并实践一种比较研究鉴定法，这在他的《古代书画鉴定的几个问题》和《中国书画鉴定学稿》中都有明确论述。作为大学问家、大鉴定家、大书画家，杨仁恺具备艺术鉴定、技术鉴定、学术鉴定等方面全面的鉴定能力，从而能够将诸种鉴定法熔于一炉。在其倡导的比较研究鉴定法中综合各法所长，集艺术家的直觉敏锐、博物馆学家的博学多识、学者的睿智理性及鉴定学家的精研细审于一身。比较研究综合鉴定法是杨仁恺先生对完善中国书画鉴定学科建立的最大贡献。

杨仁恺先生毕生致力于多灾难中华历史中流失国宝的追寻、拯救、鉴定、研究与保护，终其一生贡献于中华历史文化遗产的保护、传播与交流。杨仁恺涉猎广泛，著述宏富，他的另一重大贡献是他的《国宝沉浮录》。溥仪是末代皇帝，三岁做了清朝第十位皇帝。辛亥革命后，溥仪又以逊帝身份在紫禁城生活了十二年。他平时大手大脚开销惯了，在钱财上难免会出现紧张，加上当时军阀连年混战，要未雨绸缪，做多手打算，于是就打起了盗运故宫珍藏书画宝贝的主意。盗运出宫的活动是从1922年开始的，溥仪挑选宫中最为昂贵珍稀的宋版古籍和便于携带的历朝名人字画手卷，以赏赐溥杰的名义，利用他每天下学出宫的机会，一批一批地带出宫去。溥仪前前后后向宫外倒腾走了足足76箱文物，内含宋元版珍稀古籍，唐宋元明清传世字画，里面很多都是出类拔萃的稀世珍品，价值连城。其中包括顾恺之的《洛神赋》、阎立本的《步辇图》、周昉的《挥扇仕女图》和顾闳中的《韩熙载夜宴图》等等，此外，还有无法计算数量的古玩玉器珍宝和上等毛皮等等。这些无价之宝由溥仪的堂弟溥佳护送到天津英租界13号路166号楼。1924年，溥仪被赶出故宫后，在日本人的保护下来到了天津，在天津依然过着奢靡的生活，大撒金钱搞复辟活动，钱全是变卖从故宫带出的文物，有些珍贵文物流到海外，再也收不回来，成为永远的遗憾。之后，溥仪又勾结日本帝国主义成立伪满洲国，背叛祖国、背叛民族。将他盗取的大批珍宝凭借日本帝国主义的势力从天津运抵

杨仁恺　业精于勤

杨仁恺先生传记

2008 和 2007 年两种版本《国宝沉浮录》封面

《中国书画鉴定学稿》辽海出版社和台湾兰台出版社两个版本

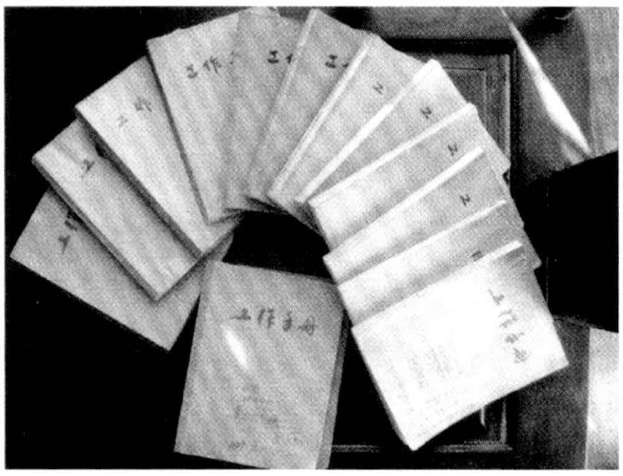

八年巡回鉴定部分笔记

《聊斋志异原稿研究》书影

《沐雨楼文集》书影

长春伪皇官。抗战胜利，日寇投降，溥仪又挟宝潜逃，被我缴获。但大批留在伪皇官小白楼里的书画珍宝被伪满洲国看守士兵们哄抢争夺，以致撕毁和流散，造成中国近代史上最严重的一次书画珍宝浩劫。杨仁恺先生一向关心溥仪盗宝的这件大事，想弄清此事的来龙去脉，并想尽可能地抢救这批国宝。20 世纪 50 年代初，杨仁恺先生由政府派往东北调查清理征集这批流散国宝，因而对这次小白楼文物事件及溥仪盗宝的前前后后有了最深刻的了解和掌握了第一手资料。杨仁恺先生在占有大量第一手资料的前提下，对故宫散佚法书名画进行了详尽深入的考辨和研究。经历了三十多年的艰辛历程。从 20 世纪 50 年代杨仁恺先生受命清查伪满皇宫流散书画文物开始，期间接触了大批当事人，留下了厚厚的原始记录。1983 年，由杨仁恺先生等 7 位专家组成的全国古代书画鉴定组，开始了长达 8 年的古代书画巡回鉴定工程，行程数万里，遍及全国 25 个省、市、自治区，200 多个书画收藏单位及部分私人收藏，共过目书画作品 6 万多件。从 20 世纪 70 年代中期到 80 年代中期，他借讲学或参加学术研讨会的机会，多次赴国外参观博物馆收藏的中国文物和私家藏品，对流失域外的佚目书画得以寓目，并认真加以记录和研究，终于完成了一部以故宫散佚书画为研究对象，集纪实、研究、鉴定、赏析于一身的巨著《国宝沉浮录》。《国宝沉浮录》详细地记载了从溥仪故宫盗宝偷运天津张园，到溥仪本人依靠日本人力量从天津偷逃至长春，甘当“儿皇帝”，又借日寇之力将国宝运抵伪宫，以及后来日寇投降溥仪潜逃被截，伪宫宝物哄抢流散，文物古董商人趁机发财，直到后来国宝部分收回等等，尽皆据实详录。不仅如此，更重要的是杨老以他卓越的书画鉴定能力，对溥仪盗宝清单上的国宝书画，尽量作了学术性的鉴定和考证，并附有大量的图版，使这部书成为可读性极强而专业水平又极深的好书，从而又使近代史上溥仪盗宝事件得到了最真实详尽的记录。《国宝沉浮录》按照历史进程，以事件中的人物活动为经，以对作品的历史艺术分析为纬，见人见物，不同于历史上任何一种书画著录或笔记，科学性、学术性、可读性兼顾。在长期的书画鉴定与研究实践中，杨仁恺先生形成了严谨、务实、厚积薄发的治学风格和宽广的学术研究视野，他始终把

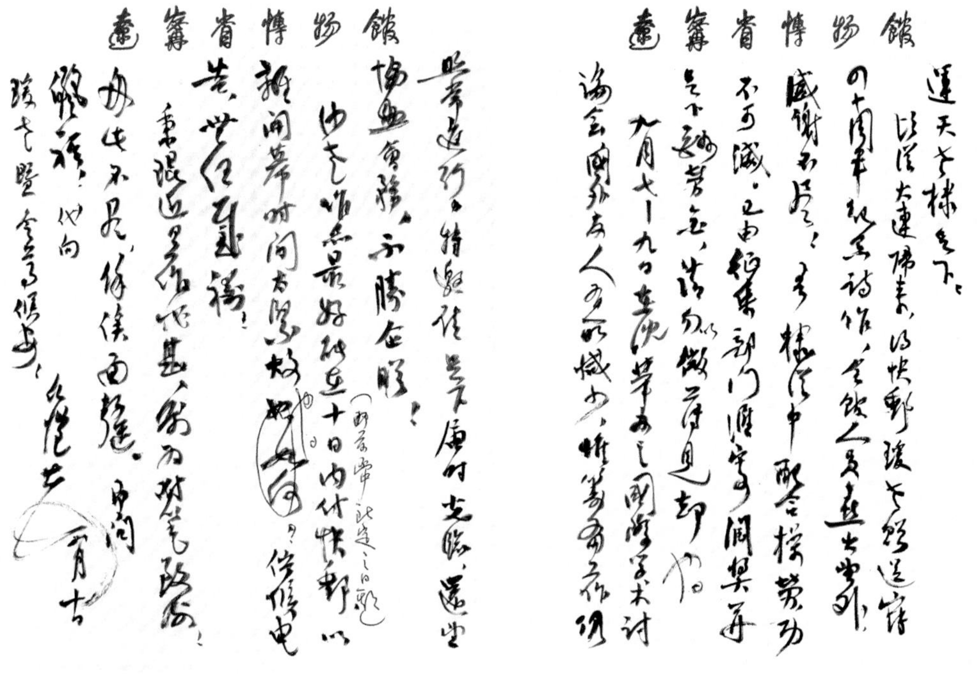

杨仁恺　致王运天札　纸本

运天老棣足下：顷从大连归来，得快邮瑗老赠送博物馆四十周年纪念诗作，全馆人员喜出望外，感谢不尽！吾棣从中配合操劳，功不可灭。已由征集部门汇寄润奖并足下酬劳金，请勿微薄见却也。九月七——九日在沈举办之国际学术讨论会，国外友人所减少，惟筹备工作仍照常进行，特邀足下届时光临，还望协助会务，不胜企盼！沙老作品最好能在十日内付快邮(即前函中所定之日期)，以离开幕时间太紧故也伫俟电告，无任感祷。秉琨近日工作忙甚，嘱为附笔致谢！匆此不尽，余俟面罄。即问俪祺！代问瑗老暨令尊侯安！仁恺顿首。八月十日。

书画作品的真赝问题放在首位。我国历史上每逢大乱，必有书画国宝的被毁和流失，但以往只有简略的记述，从未有如此详实的专著。所以杨老这部书，又是我国文化艺术史、文博史上具有创造性的专著，发前人之所未发，作前人之所未作。《国宝沉浮录》的成书，这些都大大充实了书稿的内容。杨仁恺对故宫流失国宝书画做了大量深入细致的研究工作，使一大批国宝重放异彩。杨老还为国家抢救了上千件文物，著名的旷世巨制《清明上河图》就是他在仓库的杂品中发现的，原先被作为北宋张择端《清明上河图》真迹的恰恰是一件后人的画本，经杨老发现真本后，才将这件国宝从杂品冷库中选拔出来重放光彩；从碎纸片中缀识拼出的米芾真迹《行书苕溪诗卷》等37件稀世国宝；也包括著名的《簪花仕女图》《聊斋志异》原稿等书画珍品，都是经杨仁恺的手而恢复本来面目，重新确立了国宝地位。都是脍炙人口广为流传的传奇佳话；国宝巧遇“国眼”一时传为佳话。很多国宝劫中遇救，不幸中的万幸。杨仁恺先生毕生以坚韧不拔的毅力，理清了中华多灾难与浩劫中流失的”故宫佚目“国宝的历史与现状，并做出散失追寻记录及考鉴的详细研究，足迹踏遍国内与世界各地追回鉴定的国宝级文化遗产数百件，考证拯救的文物不计其数。

杨仁恺先生另一部著作就是100多万字的《沐雨楼文集》。此书收录了杨仁恺先生有关书画鉴定和艺术研究的大部分文章，包含了他鉴定每一件古书画的专论。杨仁恺先生在《沐雨楼文集》的自序中说，“这套文集的文字在百万以上，图版200幅左右，较之一般大部头巨著固然算不了什么，可内容却十分庞杂，长篇多者数万言，短者数百字，且篇目繁多……书中按史论、考辨、献辞、序跋、报告、悼念、艺术考古、出访笔记分类，以侧重中国书画艺术者居多，所谓三句话不离本行。但亦有个别例外，如古典文学、考古、工艺之类，好在仍未超越我的业务范围。”读者可以从他的文章中，看到杨老如何运用历史唯物主义和辩证法来研究具体问题的，更可以看到杨仁恺先生缜密的思辨和分析能力以及他渊博的学识、广泛的涉猎。冯其庸先生曾经撰文，“我读杨老《试论魏晋书风和王氏父子的风貌》《随唐五代法艺术演进轨迹》《晋人曹娥碑墨迹泛考》《唐欧阳询〈仲尼梦奠帖〉的流传、真赝和年代考》《唐张旭的书风和他的“古诗四帖＂》《关于“史可法书札”的考识及其他》等论文，也深深感到杨老立论，首重历史，

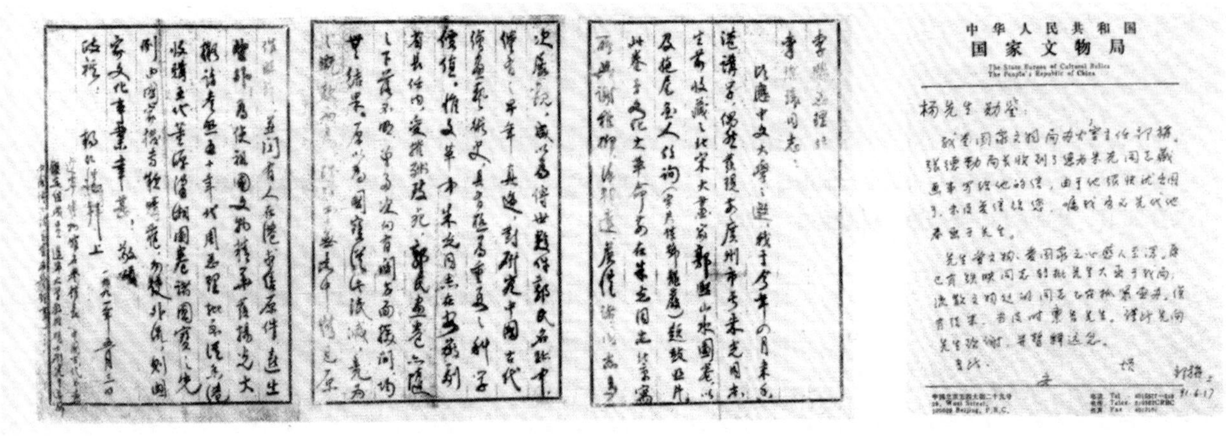

为征集北宋郭熙《山水卷》给李鹏总理、李瑞环同志的信及国家文物局的复函

辽宁省人民政府授予杨仁恺“人民鉴赏家”称号大会

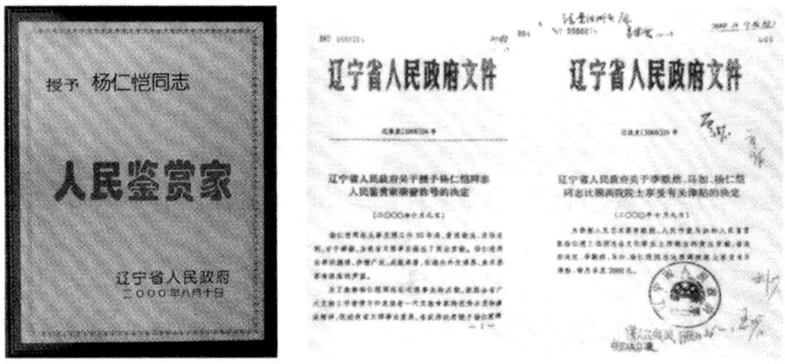

“人民鉴赏家”荣誉匾
与辽宁省人民政府文件

而其方法是用辩证的方法，普遍联系相关事务，作缜密而切实的历史的分析。这样的分析不仅有根有据，而且鞭辟入里，具有极强的说服力。”“一篇《簪花仕女图》的论文杨老运用了多少重要的史料，从社会的政治历史背景，经济背景，社会风俗，妇女的妆，妆饰品的工艺水平，制作原料，服饰和衣料的品名，以及这些服饰衣料生产的工艺，直到画眉，发髻的式样，脸上的傅粉。以及插鬓的花朵，豢养的宠物珍禽，甚至花开的季节和服饰的节令，画工的手法，敷彩的时代性等等，还有画家所用的绢素，画件的装裱等所有画上出现的问题，杨老无不作详尽的考论，而且事事有证，详引史实以为论据。我读这篇论文，使我闭目如置身于中唐贞元社会之中。我真敬佩杨老如此的博识多能，然而在这背后却是杨老的博览群书，杨老的博学、苦学。”正是这一部《沐雨楼文集》，加上《中国书画鉴定学稿》《国宝沉浮录》等专著，证明了杨仁恺先生崇高的学人地位，也同时证明了他是卓越的古书画鉴定大家。

杨仁恺　行书　江山代有才人出　独领风骚数百年

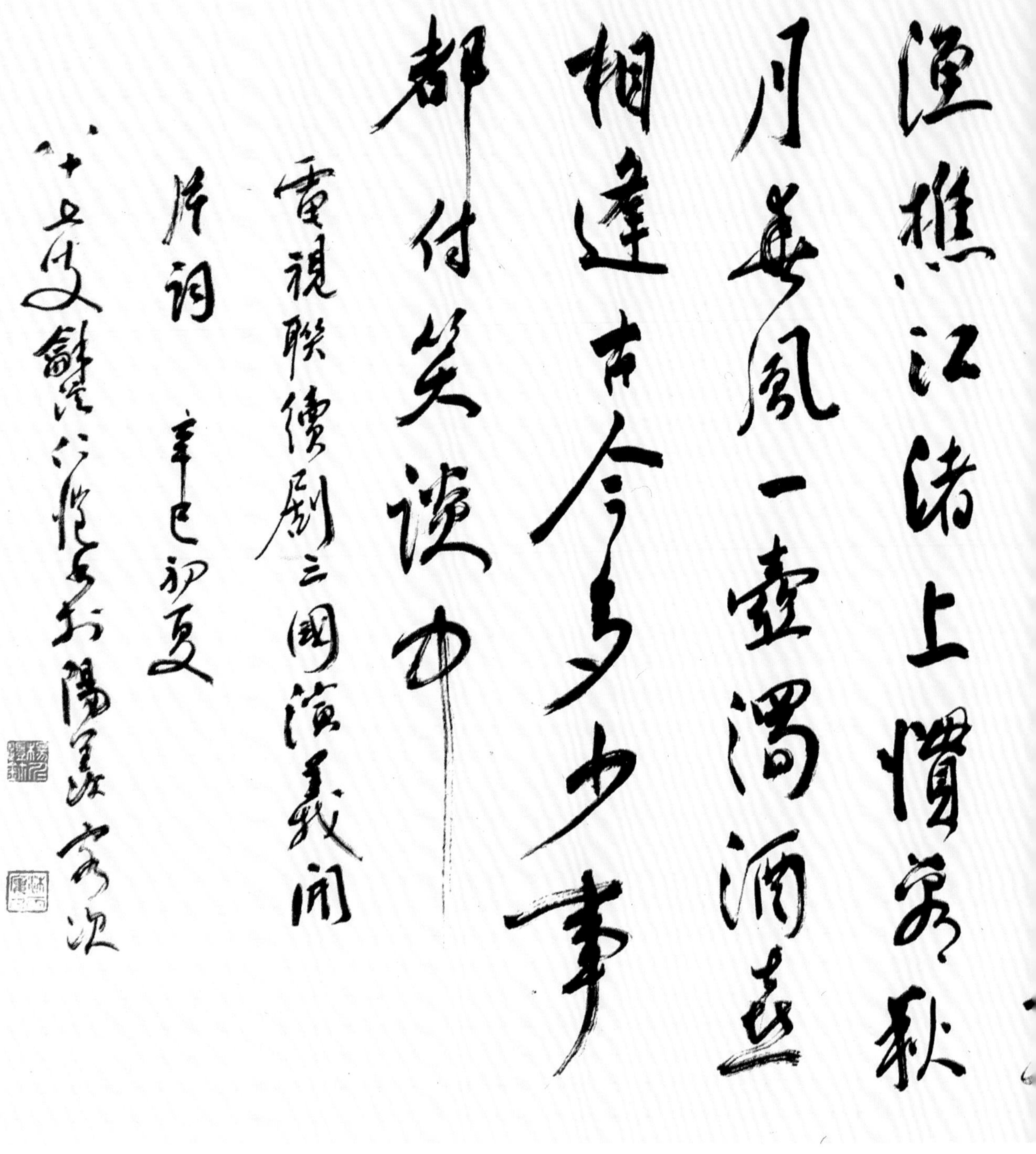

杨仁恺先生是大学者、书画鉴赏大师，同时也是书法大家，他的书名远逊于书画鉴定界的大名。写了一辈子书法而不以书法家自居，杨仁恺先生自有一种高贵的气派，最为动人的谦逊！杨仁恺先生幼读私塾，旧日私塾与小学都有临帖课，杨仁恺先生就学期间，他写的字大都被圈上红圈，说明当时就打下了很好的书法基础。后来他又遍临《石门颂》等汉碑、二王、龙门十二品，也学习颜真卿和苏东坡。王羲之的《兰亭集序》和苏东坡的《黄州寒食帖》，他一遍遍地临写，揣摩原作之神妙，刻意挑剔自己的不足，不论秋冬春夏，未曾间断。抗战期间，杨仁恺先生在重庆的《说文月刊》工作，这使他结识了一大批当时在重庆的文学界、历史界、书画界的名人，这些人有郭沫若、翦伯赞、老舍、金毓黻、马衡等，出于对书画的偏爱，杨仁恺交往最多的还是书画家，沈尹默、谢无量、徐悲鸿、潘天寿、吕凤子、张大千、黄宾虹、黄君璧、傅抱石等。沈尹默在重庆时已近花甲，是监察院的监察委员。这位“五四”时期的风云人物，曾任《新青年》编委，北京大学校长。他虽倡导新文学，国学亦很精通，尤精擅古诗，并以书法名闻学界。杨仁恺在认识沈先生后，常去沈宅请教，他喜欢沈先生的书法。沈先生工正、行、草书，尤擅行书。初学欧阳询、

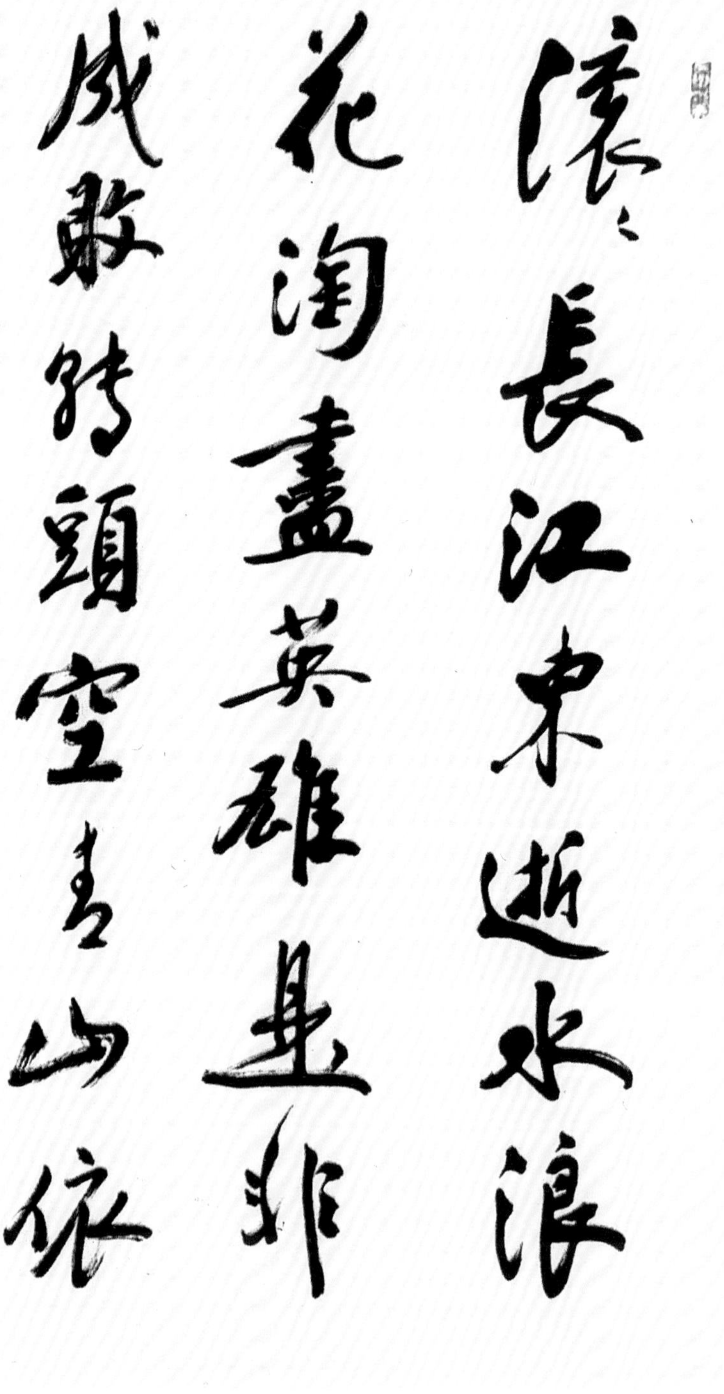

杨仁恺　行书杨慎《临江仙》

滚滚长江东逝水，浪花淘尽英雄。
是非成败转头空。青山依旧在，
几度夕阳红。白发渔樵江渚上，
惯看秋月春风。一壶浊酒喜相逢。
古今多少事，都付笑谈中。

褚遂良，30 岁后由文徵明、米芾、智永上溯到二王父子，继而遍习汉碑，北魏及晋唐诸家。他的字清圆秀润，劲健遒逸，独具风格。沈尹默不唯字写得好，对书法技法尤有较深研究，对前人书论颇多阐发，当时已出版几种书法论著。杨仁恺先生读过后，有不解之处当面向沈尹默先生发问，沈尹默总是循循善诱地为他讲解。沈尹默告诉杨仁恺，一定要重视书法基本理论与实践。有一次，沈尹默逐条为杨仁恺讲解永字八法，令他有茅塞顿开之感。沈尹默提倡以腕行笔，不主张模拟结构，并在笔法、笔势上多有创见，也令杨仁恺先生在习书上少走了许多弯路。作为书法家，杨仁恺先生以行草见长，法度严谨，用笔凝练。杨仁恺先生以其渊博的鉴赏学识、深厚的文化底蕴和质朴坦荡的胸怀，为后人留下了令人回味的佳作。王蘧常先生评论杨仁恺先生的书法：先生于书初嗜苏长公，喜西楼帖，后上及石门颂，龙门十二品，复合汉碑晋帖为一治，凡数十年所造益雄奇。冯其庸先生评曰：看杨老为所摹徽庙花鸟册作的跋，初一展卷，宛然东坡手笔，可说是神形俱似。夫世之学东坡者，学其《天际乌云帖》者有之，学其《赤壁赋》者有之，皆于字体扁肥处求之，虽可形似，终嫌板刻，而杨老所书，端静沉着，流利洒脱，一似东坡书简，其所作“竹

杨仁恺　行书兰玉堂

西”两篆书，真从李阳冰来，其秀劲而又起逸有书卷气，非胸中有诗书者，不可能有此。海内评说甚为平实，无虚誉之过，先生锦绣其书，风范其人”，必与史同辉，风采独步。

其实很多人还不知道，杨仁恺先生与当代书坛渊源也甚深。中国书法家协会的成立，即发端于 1980 年在沈阳举办的第一届全国书法篆刻展览，而辽宁主持筹办并为展览写前言的专家恰恰是杨仁恺先生。据说，当时各省都由副省长带队，各省市都派代表队携作品来到沈阳，从近千件作品中评出 200 幅参加展出，实现了全国书法界从未有过的交流，产生了非常大的反响，推动了书法热潮的蓬勃兴起。正是这次书法展览的成功举行与书家的聚会，促成了中国书法家协会在 1981 年的成立。据说，杨仁恺先生也是当时酝酿中的中国书协主要领导之一，但是他功成身退，所以外界很少有人知道他推动中国书协成立的功绩了。

杨仁恺先生是新中国文博事业的拓荒者，一生贡献给中国的文博事业，贡献居功至伟，堪称彪炳一代宗师。其追寻回的国宝“每一件背后都记载着祖国多磨难的历史，每件背后都有讲不完的传奇与故事。晚年创立了鉴定学，使其成为一门可以掌握的科学体系，杨仁恺先生对历史文化遗产的考鉴、拯救及中国文化世界的传播作出的卓越贡献，在海内外影响深远。

参考资料

《国宝鉴定大师杨仁恺》徐光荣著，辽宁人民出版社

《中国文博名家法传——杨仁恺》海平著，文物出版社

《沐雨楼文集》杨仁恺著，辽宁人民出版社

《杨仁恺谈书法鉴定》张华庆、李冰编著，上海书画出版社

《杨仁恺纪念集》辽宁文史研究馆，辽宁博物馆

《中国书画》2009.1 中国书画杂志社

张华庆（右）、李冰（左）与杨仁恺先生亲切合影

作者：李冰，中国硬笔书法协会驻会副主席兼秘书长，中国书法家协会硬笔刻字委委员，《中国大书法》副主编。

杨仁恺　行书妙悟寻来联

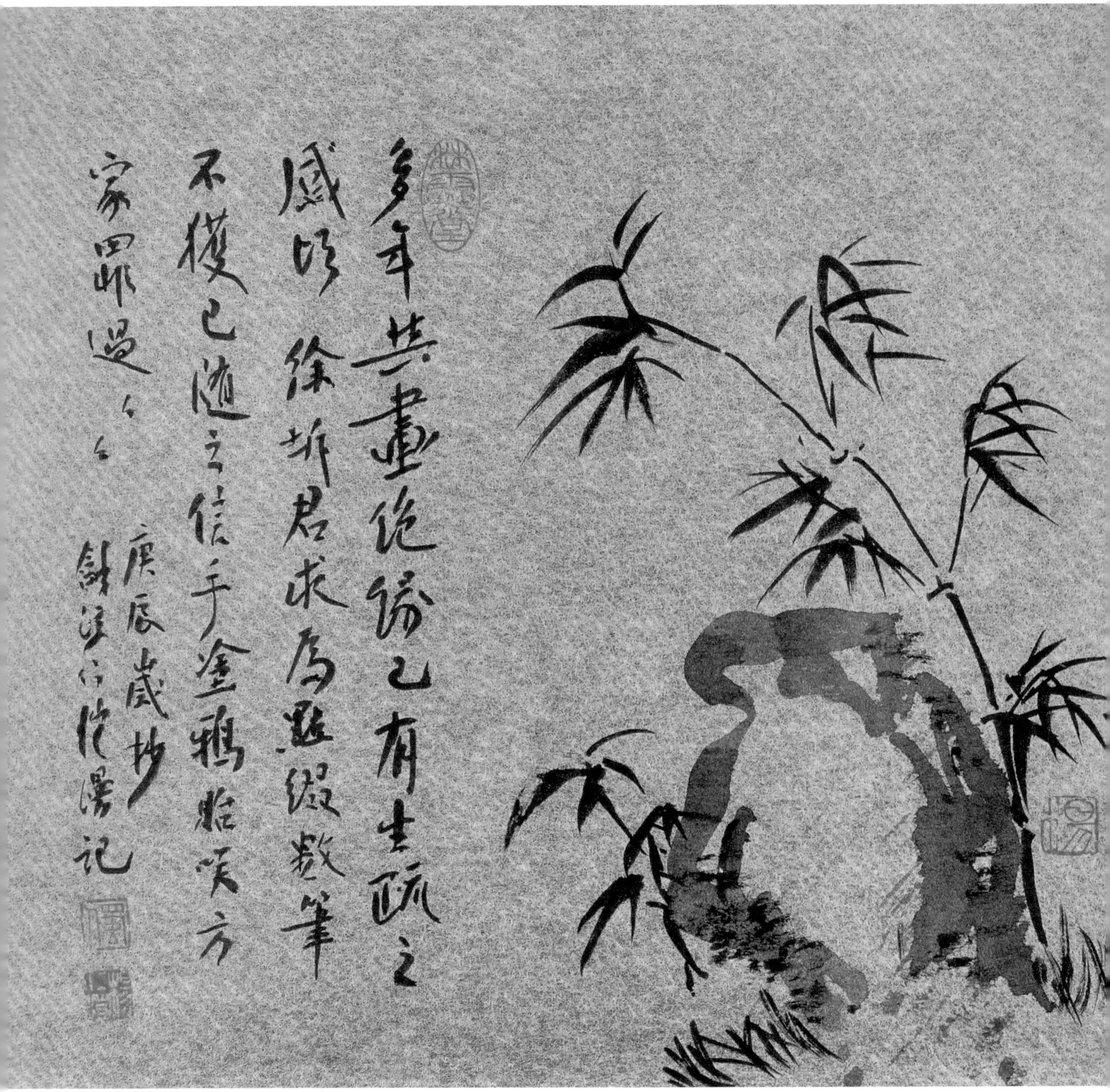

杨仁恺　竹石图　纸本　2000 年

款识：多年与画绝缘，已有生疏之感，项徐圻君求为点缀数笔，不获已，随之信手涂鸦，贻笑方家。罪过罪过。庚辰岁杪，和溪仁恺漫记。

钤印：蜀人（朱）　杨仁恺（白）　杨（朱）

杨仁恺学术年表

1915 年（民国四年 乙卯）一岁

出生于四川省岳池县。父杨笃生，在县里给小吏作幕僚，同时被举荐为岳池县商会会长。母萧氏。兄弟姐妹四人，排行老二。

1921 年（民国十年 辛酉）七岁

入县城内大南街张家私塾，接受传统的儒家启蒙教育。

1923 年（民国十二年癸亥）九岁

父亲去世。入县立城南小学读书，后报考岳池县初中。

1932 年（民国二十一年 壬申）十八岁

考入重庆公立高级中学就读旧制高中理科。

1933 年（民国二十二年 癸酉）十九岁

因家道中落，无力供给而辍学。在成都私立群觉女子中学任教，兼做求精印刷厂校对员。余暇时间常流连于总府街附近的古玩店与地摊，对文物渐渐入门。

1937 年（民国二十六年 丁丑）二十三岁

重庆书画家联合举办书画义卖展览会，参与其事并负责征集作品，因而结识徐悲鸿、潘天寿、马衡、吕凤子、张大千、黄宾虹、傅抱石、黄君璧、谢稚柳等人。

1939 年（民国二十八年 己卯年）二十五岁

任重庆德光印书局协理、巴渝印刷厂经理。又任职于《说文月刊》社，负责出版、印刷、校对、编审等工作，兼职高级商科学院的文史教员。因工作关系结识了金毓黻、商衍鎏、郭沫若、沈尹默、谢无量等大家，积淀了深厚的传统文史知识。

1941 年（民国三十年 辛巳）二十七岁

与刘文秀结婚。

1943 年（民国三十二年 癸未）二十九岁

12 月，在重庆，时任中苏文协干事。参与筹办“商衍鎏商承祚父子书画展”。沈钧儒、傅斯年、顾颉刚、马叔平、沈尹默、郭沫若、徐悲鸿、常任侠、张大千、宗白华、傅振伦、徐中舒、常书鸿等出席画展。

1945 年（民国三十四年 乙酉）三十一岁

作为复原职工到北平，闲暇多逛琉璃厂，结识张伯驹、张效彬、惠孝同、徐石雪、赵药农、陶北溟、陈半丁等人，多看实物，聆听指教，鉴定知识精进。

1949 年（民国三十八年 己丑）三十五岁

在重庆私立长江音乐专科学校任教员。

7 月 7 日，东北博物馆（今辽宁省博物馆）成立。

1950 年（庚寅）—1951 年（辛卯）三十六岁—三十七岁

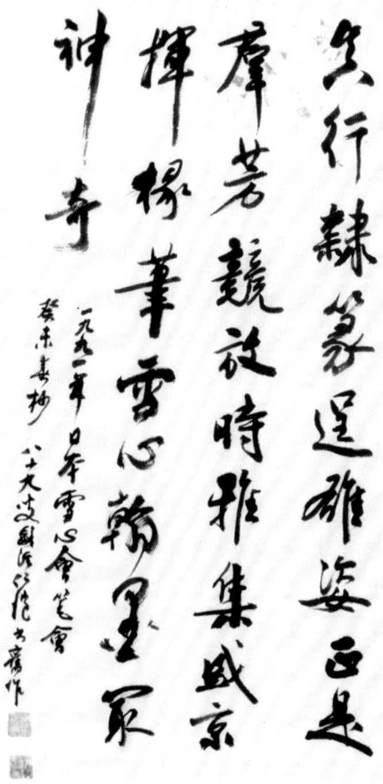

到沈阳不久，住进沈阳故宫文溯阁，协助东北图书馆整理补缀《四库全书》，曾被同事戏称为“文溯阁大学士”。

受聘于东北人民政府文化部文物处研究室研究员。参加由东北银行保存的从末代皇帝溥仪携逃中被截获的长春伪皇宫散佚的一百二十余件历代法书名画拨交东北博物馆的接收工作。

从东北银行拨交的书画中，鉴别出北宋张择端《清明上河图》真迹。

文章：

《1950 年东北博物馆庋藏溥仪书画鉴定报告书》(《辽

宁省博物馆馆刊》第1辑，辽海出版社，2006年）

1952年（壬辰）三十八岁

4–6月，受东北文化部派遣，前往长春、兴城、天津等地清查伪皇宫流散文物。

6月，由东北文物管理处调东北博物馆（今辽宁省博物馆）任研究员。

6月13日—8月12日，前往北安，整理疏散保存在北安的文物。同时参与筹办“中国古代书画特展”。

文章：

《辑安高句丽壁画墓概述》（《沐雨楼文集》，辽宁人民出版社，1995年）

1953年（癸巳）三十九岁

1月，主持“伟大祖国古代艺术特展”。

2月4日，向东北博物馆捐献清高岑《江山千里图》。

春，在东北人民政府文化部主办的“文物博物馆干部训练班”上授课。

春，赴关内各地博物馆学习参观。

本年，参加筹办基本陈列“历史文物陈列”。

文章：

《<聊斋志异>原稿与“青柯亭”刻本校雠记略》（《聊斋志异原稿研究》，辽宁人民出版社，1958年）

1954年（甲午）四十岁

春，在东北行政委员会文化局举办的“第二届东北地区文物博物馆干部训练班”授课。

4–6月，参与征集齐白石作品，并主办“人民画家齐白石画展”。

7月，建议并主持聘请金振之、冯忠莲、陈林斋、王宗光、李伯实等人到辽宁省博物馆复制古画。

9月2日，主持接收东北军区政委周桓向辽宁省博物馆捐赠《唐摹王羲之万岁通天帖》、元王蒙《太白山图》等及革命文物共计44件。

文章：

《〈虢国夫人游春图〉的初步剖析》（《沐雨楼文集》，辽宁人民出版社，1995年）

1955年（乙未）四十一岁

文章：

《谈〈聊斋志异〉原稿》（《新建设》1955年第10期）

《关于〈聊斋志异〉原稿影印本“出版说明”的几点考察》（《聊斋志异原稿研究》，辽宁人民出版社，1958年）

1956年（丙申）四十二岁

本年，当选为沈阳市政协委员。

文章：

《对王逊先生有关民族绘画问题若干观点之我见》（《沐雨楼文集》，辽宁人民出版社，1995年）

《〈夏珪长江万里图〉一文说明了什么？》（《沐雨楼文集》，辽宁人民出版社，1995年）

《关于民族绘画问题讨论中几个主要观点的再认识——对洪毅然诸先生若干论点的商榷》（《沐雨楼文集》，

杨仁恺出席在沈阳举办的中国书法史论第二届国际学术研讨会

辽宁人民出版社，1995 年）

1957 年（丁酉）四十三岁

1—2 月，参与举办“宋、元、明、清丝绣特展”。

3 月 5 日，参与举办“历代法书真迹特展”。

文章：

《谈缂丝——驳朱契对缂丝制作的说法》（《工艺美术》1957 年第 6 期）

1958 年（戊戌）四十四岁

本年，经手从北京购入明沈周《淇园春雨图》。

文章：

《〈“聊斋志异”的“民族思想”在哪里？〉一文的商榷》（《聊斋志异原稿研究》，辽宁人民出版社，1958 年）

《谈周昉〈簪花仕女图〉》（《沐雨楼文集》，辽宁人民出版社，1995 年）

《关于唐周昉〈簪花仕女图的商榷〉一文的管见及其他》（《沐雨楼文集》，辽宁人民出版社，1995 年）

著作：

《聊斋志异原稿研究》（辽宁人民出版社，1958 年）

1959 年（己亥）四十五岁

2—5 月，主持由中国美术家协会辽宁省分会主席施展领导，辽宁省美术家协会、鲁迅美术学院、辽宁美术出版社和辽宁省博物馆协作对馆藏古代名画进行临摹工作，其规模是 1949 年以来最大的一次。摹制者为冯二牛、晏少翔、钟质夫、季观之等知名画家。摹制作品有宋李公麟《明皇击球图》、宋李成《寒鸦图》、宋李公麟《九歌图》等八幅，入藏辽宁省博物馆。

5 月，参加编写辽宁省博物馆藏《宋元山水画册》，由辽宁画报社出版。

10 月，参加筹办“伟大祖国造型艺术展”，庆祝建国十周年。

文章：

《故宫已佚书画见闻及其考证》（《辽宁省博物馆馆刊》第 2 辑，辽海出版社，2007 年）

《对〈周昉簪花仕女图的商榷〉的意见》（《文物》1959 年第 2 期）

1960 年（庚子）四十六岁

1 月 22 日，经手购入明周之冕《设色花鸟草虫图》、祝允明《草书七言律诗》、唐寅《行书吴门避暑诗》、清石涛《水墨兰花册》、王原祁《设色山水图》、边寿民《白描花果册》、华喦《梧桐鹦鹉图》、罗聘《行旅图》等 33 件书画作品。

1961 年（辛丑）四十七岁

春，参加“辽宁省博物馆历史艺术陈列大纲”的编写工作。

6 月，参加筹办辽宁省博物馆与北京故宫博物院联合举办的“中国古代十大画家作品展”工作及座谈会。

10，所编辑《辽宁省博物馆藏法书选集》（一函二十册）出版。

12 月，参加编辑《齐白石画册》，由辽宁人民美术出版社出版，并发表《齐白石老人系年录》。

本年，参加举办“齐白石作品展”、“历代法书真迹展”和“近代画家任颐作品展”等特展。

文章：

《继承优良传统　繁荣绘画艺术创作——为纪念我国古代十大画家作品展览在沈阳展出而作》（《辽宁日报》1961 年 6 月 23 日）

《穷苦一学徒　血泪育成高手——近代画家任伯年生平简介》（《辽宁日报》1961 年 9 月 17 日）

1962 年（壬寅）四十八岁

夏，参与辽宁省博物馆与北京故宫博物院联合举办的“石涛、华喦和扬州八家书画展”筹备工作。

8 月，选编《辽宁省博物馆藏画集》。

8 月 24 日—9 月 11 日，参加中央文化部书画鉴定小组在辽宁省博物馆的书画鉴定工作。

文章：

《宋徽宗赵佶〈方丘季享敕〉考》（《沐雨楼文集》，辽宁人民出版社，1995 年）

《宋徽宗赵佶〈草书千字文〉及其他》（《沐雨楼文集》，辽宁人民出版社，1995 年）

《〈宋人寒鸦图〉析》（《沐雨楼文集》，辽宁人民出版社，1995 年）

著作：

《簪花仕女图研究》（朝花美术社，1962 年）

1963 年（癸卯）四十九岁

5—6 月，主持“铁岭高其佩指头画展”。

本年，经手购入明吕纪《梅石狮头鹅图》、徐渭《芭蕉梅花图》、唐寅《悟阳子养性图》、孙克弘《竹菊图》等数件书画作品。

文章：

《跋晋人曹娥碑墨迹》（《中华文史论丛》1963 年第 4 期）

《唐张旭的书风和他的〈古诗四帖〉》（《沐雨楼文集》，辽宁人民出版社，1995 年）

《唐怀素〈论书帖〉刍议》（《沐雨楼文集》，辽宁人民出版社，1995 年）

1964 年（甲辰）五十岁

春，赴北京等地征集郭沫若、茅盾、章士钊等名家书画毛泽东诗词，总计达二百余件。

8 月，参加筹办“学习毛主席诗词书法篆刻展览”。

11—12 月，参与征集中央领导人、文化界名人、专家学者、民主人士为辽宁省博物馆书写的毛主席诗词书法作品三百余件。

本年，经手购入高其佩指画《钟馗图》、王原祁《设色西湖十景图》、何浩《万壑松涛图》、陈鉴如《竹林大士出山图》等数件书画作品。

本年，参与馆藏《曹娥诔辞墨迹》等四帖在上海朵云轩的复制出版工作。

文章：

《跋〈怀素论书帖〉》（《怀素论书帖》，上海人民美术出版社，1964 年）

《晋人书〈曹娥碑〉墨迹泛考》（《中华文史论丛》第四辑）

《略谈徐悲鸿艺术创作的道路》（《沐雨楼文集》，辽宁人民出版社，1995 年）

1966 年（丙午）— 1967 年（丁未）五十二岁—五十三岁

因与邓拓关系，被冠以“反动学术权威”罪名并抄家，许多珍贵资料遭受损失。

被关入“牛棚”，历经磨难，受尽屈辱，被“造反派”打瞎一只眼睛。

1968 年（戊申）— 1969 年（己酉）五十四岁—五十五岁

响应号召，到盘锦地区沟帮子“五七干校”，进行劳动改造。

下放农村，落户到丹东市岫岩县哨子河公社。行前据理力争，取回《国宝沉浮录》手稿。

1970 年（庚戌）五十六岁

在哨子河公社边干农活边整理《国宝沉浮录》书稿。

1972 年（壬子）五十八岁

3 月，调回辽宁省博物馆。

1974 年（甲寅）六十岁

2 月 20 日，经手购入祝允明《楷书东坡记游》等明清书画 34 件。

4 月，赴法库叶茂台辽墓发掘现场鉴定出土古画。

1975 年（乙卯）六十一岁

经手购入沈周《淇园春雨图》残卷，与 1958 年在北京琉璃厂为辽宁省博物馆购得的同画残段，恰为一件文物的两段。

文章：

《叶茂台辽墓出土古画的时代及其他》（《文物》1975 年第 12 期）

1976 年（丙辰）六十二岁

文章：

《关于〈簪花仕女图〉的再认识》（《沐雨楼文集》，辽宁人民出版社，1995 年）

1977 年（丁巳）六十三岁

6月，辽宁省文物出口鉴定小组成立，担任鉴定小组成员。

8月1日，联系吉林大学教授于省吾将个人所藏王宠《泥金草书扇面》、元人《双钩竹图》、王国维《致雪堂书札册》等古代书画 59 件捐赠辽博。

10 月，接待以伯克利亚洲大学艺术系主任高居翰为团长的美国“中国古代绘画代表团”的来访。团员有克利弗兰博物馆何惠鉴、普林斯顿大学教授方闻、弗利尔博物馆东方部傅申等。

1978 年（戊午）六十四岁

1 月 17 日，联系北京师范大学教授启功将所藏《年羹尧题墨竹图》、《和亲王书中堂》等 19 件书画捐赠辽宁省博物馆。

文章：

《对龚贤书〈渔歌子〉的管见》（黎庚）（《艺苑掇英》

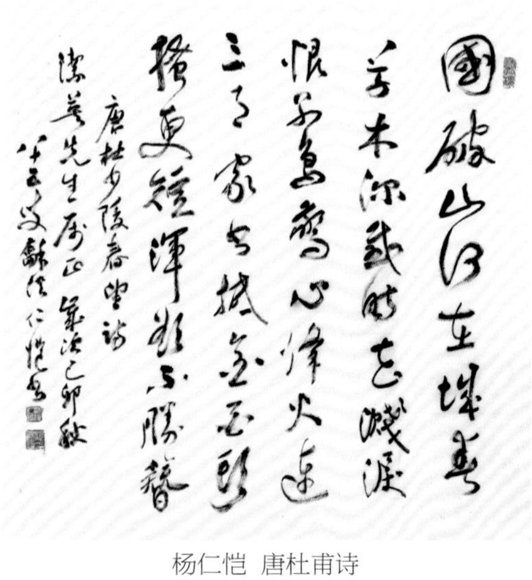

杨仁恺　唐杜甫诗

杨仁恺在家中为张华庆书写作品（左一为熊洁英）

1978 年第 3 期）

《唐怀素〈论书帖〉刍议》（《艺苑掇英》1978 年第 3 期）

《欧阳询〈梦奠帖〉考辨》（仁恺）（《艺苑掇英》1978 年第 3 期）

《试谈张旭的书法风貌和关于〈古诗四帖〉的初步探索》（《书法》1978 年第 1 期）

《关于〈古诗四帖〉的初步探索》（《书法》1978 年第 1 期）

《高其佩和他的两幅指头画》（龢溪）（《艺苑掇英》1978 年第 3 期）

《读画札记之一——从〈神骏图〉中得到的启示》（《艺苑掇英》1978 年第 3 期）

《读〈唐代人物画家周昉〉质疑》（《沐雨楼文集》，辽宁人民出版社，1995 年）

《叶茂台第七号辽墓出土古画的综合研究》（《沐雨楼文集》，辽宁人民出版社，1995 年）

《对叶茂台辽墓出土古画的再认识》（《沐雨楼文集》，辽宁人民出版社，1995 年）

《“文人画”刍议兼论“书画同源”说》（《沐雨楼文集》，辽宁人民出版社，1995 年）

1979 年（己未）六十五岁

5 月，任辽宁省博物馆副馆长。

5 月 29 日，出席国家文物局在合肥召开的全国省、市、自治区博物馆工作座谈会。

9 月 26 日，接待以田中五郎为团长的“全日本书道联盟访华团”来馆访问。

文章：

《欧阳询〈梦奠帖〉考辨》（《沐雨楼文集》，辽宁人民出版社，1995 年）

《师造化 师传统 贵在创新》（《辽宁画报》1979 年第 4 期）

《叶茂台辽墓古画有关问题的再认识》（《美术生活》1979 年第 1 期）

《唐孙过庭〈千字文第五本〉墨迹考》发表于《文物》1979 年第 10 期。文章首先就流传为孙过庭的五本墨迹分别考察并加以对比，认为《千字文第五本》是“唐代中期稍晚一点的书家根据孙过庭的原迹，作为日课，信手临写出来的。”在考证其流传经历后，又对其历史价值及艺术价值予以述评。

《宋徽宗赵佶〈蔡行敕〉考弁》（《沐雨楼文集》，辽宁人民出版社，1995 年）

1986 年 10 月在南京博物馆

1988 年 7 月，杨仁恺与谢稚柳摄于旅顺

1988 年 7 月，书画鉴定组在辽宁省博物馆鉴定

1988 年在辽宁，杨仁恺与谢稚柳书画鉴定时留影

①

②

③

⑥

⑦

⑧

《对〈簪花仕女图〉的一点剖析》（《中国文物》1979年第1期）

《孙过庭千字文第五本》（蜀客）（《辽宁日报》1979年5月20日）

《欧阳询行书〈千字文〉的墨迹考辩》（《辽宁书法》1979年第1期）

《从高其佩的书法艺术所想到的》(稣溪)(《辽宁书法》1979年第1期）

《关于唐孙过庭〈千字文第五本〉的初步考察》（川人）（《辽宁书法》1979年第2期）

《艺苑菁华重放异彩》（《辽宁画报》1979年第3期）

《〈虢国夫人游春图〉的初步剖析》（《名画鉴赏——虢国夫人游春图》，上海人民美术出版社，1979年）

1980年（庚申）六十六岁

1月10日，接待由外交部副部长何英、中国驻埃及大使姚广、辽宁省省长陈璞如陪同来馆参观的阿拉伯埃及共和国副总统胡斯尼·穆巴拉克偕夫人一行，并题词留念。

2月，任辽宁省文物出口鉴定小组副组长。

2—3月，举办“清代铁岭高其佩画展”。

4月，任辽宁省博物馆学术委员会副主任。

4月，主持编辑的《辽宁省博物馆藏画集》（续集）出版发行。

5月1日，接待日本讲谈社社长服部敏幸率团来馆参观。

5月，主持“馆藏历代法书真迹展览”。

本年，受中国文联委托在沈阳筹备第一届全国书法展。

文章：

《孙过庭书千字文第五本》（辽宁美术出版社，1980年）

《齐白石书法演变小识》（建人）（《辽宁书法》1980年第3期）

《略谈张即之的书法风貌和对〈杜诗卷〉的考察》（《辽宁书法》1980年第3期）

《试论指头画家高其佩的艺术成就》发表于1980年《造型艺术》。文章就高其佩的身世、学画经历、“师造化”的艺术思想、作画风格的形成与发展、历代对其指头画的评价、其与当时各画派的关系及指头画派的形成与发展各方面分别加以探讨，使读者对高其佩有更为深刻的认识。

《唐人〈簪花仕女图〉研究》（《沐雨楼文集》，辽宁人民出版社，1995年）

《试谈文天祥和他的〈木鸡集序〉》（《沐雨楼文集》，辽宁人民出版社，1995年）

1981年（辛酉）六十七岁

3—4月，应克利弗兰博物馆邀请，参加“中国八代遗珍”国际学术讨论会，会上作了《叶茂台七号辽墓出土古画的综合考察》报告，在美期间考察美国博物馆所藏中国书画收藏情况。

3月23日，接待日本泛亚细亚文化交流中心理事长森

① 1988 年 1 月于上海延安饭店王蘧常、杨仁恺、王运天合影
② 1988 年 10 月，杨仁恺造访明两庐与王蘧常先生亲切交谈
③ 杨仁恺与夫人刘文秀
④ 1997 年 10 月，杨仁恺前往大连看望罗继祖先生，畅谈治学之道
⑤ 1994 年 5 月 20 日，杨仁恺赴京参加荣宝斋举办的“启功与韩国金膺显书法联展”，见到启功如久别重逢，互相拥抱
⑥ 杨仁恺与陈佩秋切磋画艺
⑦ 1987 年 4 月，樱花盛开季节，杨仁恺在浙江博物馆与启功（左一）、谢稚柳（左二）、刘九庵（右一）合影
⑧杨仁恺出席在日本东京举办的中国书法史论第四届国际学术研讨会上
⑨ 1992 年 8 月 24 日，杨仁恺与日本知名书法家今井凌雪合影
⑩ 杨仁恺出席在南京举办的中国书法史论第五届国际学术研讨会上大会发言

住和弘来馆访问。

5 月 18 日，接待美籍学者翁万戈夫妇来馆访问。

7 月，接待加拿大国立美术馆馆长时学颜女士来馆参观访问。

8 月 11 日，“辽宁省博物馆学会成立大会暨第一届学术讨论会”在金县召开，当选为副理事长。

8 月 21 日，接待美国波士顿美术馆东方部主任吴同来馆参观访问。

9 月 16 日，接待由中国友协负责人张平化陪同的日本公明党主席竹入义胜一行来馆参观访问。

10 月，参与举办“馆藏晋唐宋元法书真迹特展”。

本年，当选中国书法家协会理事，辽宁书法家协会第一副主席和辽宁美术家协会副主席。

文章：

《从宋陆游〈自书诗稿〉谈到他书法艺术的成就》（《沐雨楼文集》，辽宁人民出版社，1995 年）

《叶茂台七号辽墓出土古画的综合考察》（《沐雨楼文集》，在美国克利夫兰参加国际学术研讨会。辽宁人民出版社，1995 年）

《关于宋孝宗赵昚〈后赤壁赋〉的几点考察》（《沐雨楼文集》，辽宁人民出版社，1995 年）

著作：

《名画鉴赏——茂林远岫图》（上海人民美术出版社，1995 年）

1982 年（壬戌）六十八岁

3 月 23 日，出席在北京召开的“中国博物馆学会成立大会暨首届学术讨论会”，当选为理事会理事。

5 月，由副研究员晋升为研究员。

7 月，联系著名古文字学家、吉林大学教授于省吾和画家周怀民联合向辽宁省博物馆捐赠传利玛窦作《设色野墅平林图》。

8 月 8 日，接待以今井凌雪为首的“日本雪心会书法友好访华团”来馆观摩书法藏品。

8 月 8 日，主持举办“陈少梅遗作展”。

9–10 月，主持举办“馆藏唐宋元明清法书真迹展”。

9 月，接待以田中冻云为团长的日本“辽宁省历代书法名迹展参观访中团”来馆参观。

9 月，主持编辑的馆藏《宋元明清缂丝》，由文物出版社出版。

9 月，主持编辑的《辽宁省博物馆藏法书选集》（第二集），由文物出版社出版。

10 月，接待日本泛亚细亚文化交流中心理事长森住和弘来馆参观访问。

12 月，筹备“纪念意大利科学家利玛窦来华四百年文物展览”及座谈会。于 1983 年 1 月 27 日在辽宁省博物馆召开。

文章：

《〈晋文公复国图〉管窥》发表于1982年《中国画》第3期。文章就1981年于美国大都会艺术博物馆所见的《晋文公复国图》加以讨论，首先列举了其流传经过与历代著录，并指出历代著录的分歧。通过对李伯时（公麟）及李唐传世作品和画风的分析和考证，认为该图“为李唐作品，而且属于晚年之作”。

《宋高宗赵构的书法艺术和他的〈洛神赋〉考》（《沐雨楼文集》，辽宁人民出版社，1995年）

《试论魏晋书风及王氏父子的风貌》（《沐雨楼文集》，辽宁人民出版社，1995年）

《淡墨轻岚 一片江南——读五代董源“夏景山口待渡图”》（《辽宁画报》1982年第1期）

《〈兰亭序〉小识》（《沈阳日报》1982年1月2日）

《缂丝的起源与发展》（《宋元明清缂丝刺绣》，人民美术出版社，1982年）

《成就卓著 遗范长存——悼念老友、著名考古学家李文信》（《辽宁日报》1982年11月13日）

《世上空惊故人少——悼念李文信同志》（《辽宁文物》总第3期，1982年）

1983年（癸亥）六十九岁

2月，任《辽宁文物志》编纂委员会副主任。

2—3月，应日本泛亚细亚文化交流中心邀请，为审查即将由日本学研社出版的《辽宁省博物馆藏缂丝刺绣》一书稿样，赴日本进行学术访问。

8月，全国书画巡回鉴定组成立，为鉴定组成员。

8月，组织《书法丛刊》第6期——辽宁省博物馆专集的出版。

10月，作为辽宁省书法展代表团成员赴日本富山、神奈川两县参加“中国辽宁省书道展”，同时出席“京都国际美术史年会”。

10月，组织编辑由上海人民美术出版社出版发行的《艺苑掇英》第22期——辽宁省博物馆专辑。

12月，组织编辑的《辽宁省博物馆藏画》由上海人民美术出版社出版发行。

12月，参与编辑《中国博物馆丛书·辽宁省博物馆》。该书由辽宁省博物馆主编，日本讲谈社与文物出版社出版。

本年，当选为辽宁省第六届人大常务委员会委员。

本年，主持《辽宁省博物馆藏缂丝刺绣》编辑工作。

文章：

《学习〈文物保护法〉的初步体会》（《辽宁文物》总第4期，1983年）

《宋人〈小寒林图卷〉》（庶人）（《艺苑掇英》总第22期，1983年）

《从白石老人肖像作品想到的》（《中国书画》总第13期，1983年）

《学习十二大文献的点滴体会——辽宁书法篆刻晋京展出有感》（《辽宁书法》总第5期，1983年）

《唐王居士砖塔铭》（杨仁恺 董彦明）（《书法丛刊》总第6期，1983年）

《敦煌残经》（嘉陵）（《书法丛刊》总第6期，1983年）

《宋拓“绛帖”》（流沙）（《书法丛刊》总第6期，1983年）

《明人杂书册》（涓尘）（《书法丛刊》总第6期，1983年）

《明陆应阳自书诗卷》（子虚）（《书法丛刊》总第6期，1983年）

《“仲尼梦奠帖”的流传、真赝、年代考》发表于《书法丛刊》总第6期。文章首先分析了欧书“劲险刻厉”这一特有风格，又详述《仲尼梦奠帖》自南宋至清代的流传经过，针对明代都穆与陈继儒认为此帖为“临本”的疑问，参照传世的《卜商帖》、《张翰帖》、《行书千字文》，从墨色浓淡与使笔特点两方面分析欧书的发展规律，认为《仲尼梦奠帖》是欧阳询晚年真迹，作于贞观（627–641）初年。

《书苑丛谈》（《艺苑掇英》总第22期，上海人民美术出版社，1983年）

《丝绣》（《中国博物馆⑶——辽宁省博物馆》，文物出版社，1983年）

《缂丝概说》（《辽宁省博物馆藏缂丝刺绣》，东京学习研究社，1983年）

《悼念著名考古学家李文信》（《考古》1983年第2期）

《略谈张即之的书法风貌和大字〈杜诗卷〉》（《沐雨楼文集》，辽宁人民出版社，1995年）

《关于欧阳询〈行书千字文〉的考辨》（《沐雨楼文集》，辽宁人民出版社，1995年）

《略谈宋欧阳修〈自书诗文稿〉》（《沐雨楼文集》，辽宁人民出版社，1995年）

《〈真妃上马图〉析》（《沐雨楼文集》，辽宁人民出版社，1995年）

《辽代绘画艺术综述——在日本京都国际美术史研究会第二次讨论会上的报告》（《沐雨楼文集》，辽宁人民出版社，1995年）

1984年（甲子）七十岁

5月，出席在北京召开的全国文物工作会议。

9月20日，被任命为辽宁省博物馆名誉馆长。

杨仁恺　春华秋实

本年，随全国书画鉴定组在北京鉴定书画。

本年，受聘为中央美术学院客座教授、研究生导师。

文章：

《朱熹〈蔡州帖〉浅谈》（《沐雨楼文集》，辽宁人民出版社，1995 年）

著作：

《叶茂台第七号辽墓出土古画考》（上海人民美术出版社，1984 年）

1985 年（乙丑）七十一岁

5 月 22 日，应纽约大都会博物馆邀请，赴美国参加“字与画、中国诗歌、书法和绘画”国际学术讨论会并做学术报告。之后访问美国和加拿大各大博物馆。

6 月 7 日，接待“日本书道访华团”来馆参观馆藏书法作品。

7 月，当选为辽宁省老年文物研究会理事长。

10 月，参加北京故宫博物院建院六十周年庆祝活动。

11 月 6 日，当选为中国博物馆学会第二届代表大会名誉理事。

11 月 26 日，当选为辽宁省考古博物馆学会第二届理事会名誉会长。

本年，被聘为全国文物鉴定委员会委员。

本年，随全国书画鉴定组在上海鉴定书画。

文章：

《辽、金、西夏书画艺术初探》（《沐雨楼文集》，辽宁人民出版社，1995 年）

《人间遗墨若南金——记邓拓鉴藏苏轼〈潇湘竹石图〉》（《沐雨楼文集》，辽宁人民出版社，1995 年）

《中国明代绘画艺术述略》（中国美术全集）。

《书林三讲——在美国纽约大都会艺术博物馆国际学术会上的报告》(《沐雨楼书画论稿》，上海人民美术出版社，2008 年）

《对〈簪花仕女图〉的再认识》（《名画鉴赏——簪花仕女图》，上海人民美术出版社，1985 年）

1986 年（丙寅）七十二岁

2 月，联系著名画家谢稚柳、陈佩秋夫妇将个人绘画作品 7 幅捐赠辽宁省博物馆。

2 月，联系徐潜将其父徐燕亦先生遗作两幅捐赠辽宁省博物馆。

3 月，联系书法家王遽常、画家徐子鹤将个人书画作品捐赠辽宁省博物馆。

7 月，主持由辽宁省博物馆编辑、日本讲谈社印刷的《中国书迹大观·辽宁省博物馆》（上下册）豪华本出版。

本年，《叶茂台第七号辽墓出土古画的综合研究》获辽宁省社科联荣誉奖，译文被日本《国华》杂志转载。

本年，随全国书画鉴定组赴江苏、南京地区鉴定书画。

文章：

《文人画问题刍议》（《辽海文物学刊》创刊号，1986 年）

1978 年 9 月 4 日，辽宁书法座谈会合影。中排右二：杨仁恺

《淮安王镇墓出土古画考》（《沐雨楼文集》，辽宁人民出版社，1995 年）

《对朱熹〈书翰文稿〉的初步研究》（《沐雨楼文集》，辽宁人民出版社，1995 年）

1987 年（丁卯）七十三岁

1 月，经手购入唐寅《草屋蒲团图》。

4 月，经手从浙江购入历代瓷器、铜器、玉器等总计 52 件文物入藏。

4 月，联系上海高其渊、高其进昆仲将个人所藏文徵明小楷书、董其昌《云林图》、戴熙《山水图》、陈洪绶《人物故实图》及六朝和唐人写经等书画总计 117 件捐赠辽宁省博物馆入藏。

4 月，接待以野崎岳南为团长的“日本宇野雪村·启功巨匠展庆祝访中团”来馆交流。

4 月，随全国书画鉴定组赴浙江杭州地区鉴定书画。

6 月 2 日，经办“日本神奈川现代书法展览”，这是外国展览首次在辽宁省博物馆举行，展品赠予馆藏。

9 月，联系苏渊雷先生将所藏汪士慎《隶书轴》、华翰《花鸟图》等明清书画十件捐赠辽宁省博物馆。

9 月，随全国书画鉴定组赴河北鉴定书画。

10 月 1 日，接待美国克利夫兰博物馆前馆长李雪曼一行四人来馆访问。

11 月 28 日，接待华盛顿弗利尔博物馆亚洲部主任傅申来访，并请为辽宁省博物馆作《张大千与四画僧》专题学术报告。

12 月，随全国书画鉴定组赴天津鉴定书画。

文章：

《再论文人画问题——“书画同源”与“文人画”及其他》（《辽海文物学刊》1978 年第 1 期）

《书法艺术源流管窥》——辽宁省博物馆藏法书选集序（《当代书家墨迹诗文集》，上海书画出版社，1987 年）

《对董其昌在我国绘画史上的评价》（《沐雨楼文集》，辽宁人民出版社，1995 年）

《〈宫中乞巧图〉的时代风标》（《沐雨楼文集》，辽宁人民出版社，1995 年）

《隋唐五代书法艺术演进轨迹》（《沐雨楼文集》，辽宁人民出版社，1995 年）

《北宋李成〈茂林远岫图〉与传世著作之比较研究》（《沐雨楼文集》，辽宁人民出版社，1995 年）

1988 年（戊辰）七十四岁

1—2 月，请北京荣宝斋原副经理冯鹏生为辽宁省博物馆装裱新购入明清书画四十余件。

4 月 14 日，接待以铃木相华为团长的东京书道会访中团来馆参观并题词留念。

5 月，随国家书画鉴定组在山东鉴定书画。

6 月，经办“上海朵云轩书画展”在辽宁省博物馆展出。

6 月，随全国书画鉴定组在大连鉴定书画。

6 月，随全国书画鉴定组在吉林鉴定书画。

7 月，主持“谢稚柳、陈佩秋书画展”，在辽宁省博物馆展出。

本年，任辽宁省书法家协会名誉主席。.

文章：

《沐雨楼书画论稿·代序——自学所走过的漫长道路》（《沐雨楼书画论稿》，上海人民美术出版社，1998 年）

《关于史可法书札的考释及其他》收录于《沐雨楼书画论稿》（上海人民美术出版社，1988 年）中，此文作于 1962 年，并于 1986 年作了部分修改和补充。论文分析了辽宁省博物馆收藏的《史可法书札》的历史背景与受信人的问题、有关史可法本人的一些问题、关于“骈戮五人”的问题、所表现的政治倾向问题、提供的有关资料问题，并略述此稿于“文革”中的沉浮命运。

《元鲜于枢补临唐高闲〈千字文〉考》收录于《沐雨楼书画论稿》（上海人民美术出版社，1988 年）中，此文作于 1986 年 12 月。论文首先介绍了高闲草书的师承关系及面貌，又考证了高闲《千字文》与鲜于枢摹本的三次离合及分别的流传经历，最后针对有人认为摹本并非出于鲜于枢的观点，一一加以论证，确认其为鲜于枢所摹。

《略谈故宫散佚书画概况兼对〈孙过庭千字文第五本〉诸作的考察》收录于《沐雨楼书画论稿》（上海人民美术出版社，1988 年）中，本文是在《唐孙过庭〈千字文第五本〉墨迹考》（《文物》1979 年第 10 期）的基础上“加进一部分材料而成”。文章首先叙述了国家在征集流散文物方面的一些卓有成效的工作，进而将“长春伪宫流散出来的历代名贵书画以及通过各种措施收回的情况，先交代一个梗概”，最后侧重对 1980 年辽宁营口市盖县徐忠诚捐献辽宁省博物馆的《唐孙过庭千字文第五本》《宋四贤尺牍》《宋米芾天马赋》《宋大方广佛华严经卷第十》《元人为周文英作诗志传》《清王原祁层峦茂树图》和《清刘统勋御制舟行杂兴三十首》7 件书画分别予以介绍及研究。

《宋徽宗赵佶书法艺术琐谈》发表于 1988 年《书法丛刊》总 14 期。文章首先分析了赵佶书法艺术的渊源，进而对辽宁省博物馆所藏《瑞鹤图》题咏、《蔡行敕》、《草书千字文》及《方丘敕》四件墨迹进行考察，着重分析了《方丘敕》与《蔡行敕》是否为徽宗所书，结合其行书发展规律，认为均为赵佶所书。

《中国缂丝发展历程的探索》（《沐雨楼书画论稿》，

上海人民美术出版社，1988年）

《对高其佩指头画艺术的再认识——写在〈高其佩画集〉的后面》(《沐雨楼文集》，辽宁人民出版社，1995年）

著作：

《沐雨楼书画论稿》(上海人民美术出版社，1988年）

1989年（己巳）七十五岁

1月，随全国书画鉴定组赴广东鉴定书画。

5月，随全国书画鉴定组赴四川鉴定书画。

9月7日，参与辽宁省博物馆馆庆四十周年国际学术交流会。

文章：

《青山不老 绿水长流一辽宁省博物馆建馆四十周年征集历代书画作品记略》(《艺苑掇英》总第39期，1989年）

《赵孟頫〈饮马图〉小议》（沐雨）（《艺苑掇英》总第39期，1989年）

《从宋宁宗题马远《松寿图》谈起》（龢溪）（《艺苑掇英》总第39期，1989年）

《四十年的回顾与思考》（《辽海文物学刊》1989年第1期）

《迎馆庆忆故人一忆王修同志二三事》（《辽海文物学刊》1989年第1期）

《古代绘画史上的一桩公案——对两卷传世〈江山无尽图〉的辨析》(《沐雨楼文集》，辽宁人民出版社，1995年）

《高其佩画集·后记——对高其佩指头画艺术的再认识》（《高其佩画集》，上海书画出版社，1989年）

《画家高其佩简略年表》（《高其佩画集》，上海书画出版社，1989年）

《隋唐五代的书法艺术》《中国美术全集·书法篆刻编3隋唐五代书法》主编）（人民美术出版社，1989年）

著作：

《高其佩画集》(主编)(上海书画出版社出版，1989年）

《名画鉴赏丛书——李成茂林远岫图》（主编）（上海人民美术出版社，1989年）

（《中国美术全集·书法篆刻编3隋唐五代书法》，人民美术出版社，1989年）

1990年（庚午）七十六岁

5月，参加为北京亚运会在大连举办的书画家义卖活动。

9月，为辽宁书协在庄河举办的书法学习班讲课。

文章：

《发展博物馆事业，重视人才培养——文博人材培养刍议》（《中国－辽东半岛－国际交流》1990年第3期）

《好书不厌百回看——读沈阳故宫博物院藏〈明清绘画选辑〉有感》（《美术之友》1990年第6期）

《试论王诜及其书法艺术》发表于《书法丛刊》总23期。文章首先列举了宋代文献对王诜的记载，指出“历来对王氏书法并没有对绘画那样一直推崇”，并尽可能的对其书法予以适当评价。文章通过对亲眼目睹的五件传世真迹的分析对比，指出“（王诜）对绘画有独得之妙，初于书法并不留意，用笔作字，即所谓篆籀法……（后来）转向传统，抛弃怪形。”认为王氏书法的历史价值未可忽视。

著作：

《中国书画》主编）（上海古籍出版社，1990年）

1991年（辛未）七十七岁

3月，赴辽宁营口市为党政军转干部岗前培训班讲课。

4—5月，应邀出席由香港中文大学主办的“古今书画鉴定报告会”。

7月26日，应国家文物局邀请赴京参加关于清宫散佚的北宋郭熙《山水卷》的鉴定和收购的讨论会。

8月20日，出席在辽宁省博物馆举办的“日本雪心会会员书法作品展”。

9月12日，出席沈阳故宫六十五周年馆庆纪念暨学术研究会，会上作关于培养业务人员的报告。

9月15日，主持“王方宇、王己千书画展”。

本年，接待香港著名爱国人士邵逸夫先生来访。

本年，省政府为颁发政府特殊津贴证书，出席颁发证书大会。

著作：

《国宝沉浮录——故宫散佚书画见闻考略》（上海人民美术出版社，1991年）

1992年（壬申）七十八岁

1一2月，在新加坡举办“杨仁恺、马学鹏书画联展”，并参观访问博物馆、美术馆，观摩中国古代书画。

4—5月，应美国堪萨斯博物馆的邀请，赴美参加“董其昌世纪学术国际研讨会”，会后考察了美国堪萨斯、华盛顿、纽约、底特律、旧金山等城市的各大博物馆，并观摩所藏的中国古今书画。

6月，接待北京炎黄艺术馆馆长、画家黄胄来访，并商议举办“扬州八怪展”事宜。

9月15日，受聘为新加坡国家美术馆及亚洲文化馆顾问。

12月，赴荷兰参加辽宁省博物馆举办的“抛弃毛笔——高其佩指画艺术展”开幕式，并出访英、法、比、德四国。

文章：

《默默中的怀念与追忆——回忆李文信先生》（《辽海文物学刊》1992年第2期）

1993年（癸酉）七十九岁

6月，出席日本东京国立博物馆学术研讨会。

8月18日，接待日本镰仓市书道会长仙场右羊一行14人来馆访问并陪同参观北京、南京、上海等博物馆，进行文化交流。

9月26日，赴京参加"全国第一届国画展"开幕式。

1994年（甲戌）八十岁

1月6日，应韩国东方研究会的邀请赴韩国考察。

1月，接待美国白宫教育顾问、国际社会活动家陈香梅女士一行来访。

2—3月，赴深圳参加"辽宁省博物馆齐白石画展"开幕式。

3月，赴北京参加在炎黄艺术馆举办的"日本绘画展"开幕式。

4月，应邀赴新加坡、马来西亚两国进行为期40天的学术交流与访问。

4月8日，接待意大利威尼斯大学副教授、缂丝专家阿米娜·阿拉戈女士来访。

4月25日，在新加坡举办"杨仁恺、关宝琮书画联展"。

6月，参加在铁岭市召开的辽宁省第二届书法家代表大会。

7月，参加由辽宁省博物馆、台北中华服饰学会、中国古代史服饰研究会共同在沈阳举办的"第十三届国际服饰学术讨论会"。

9月，参加在辽宁省博物馆举办的"中国嘉德94秋季拍卖会预展"活动。

9月，接待香港著名实业家、文物收藏家徐展堂和夫人来访。

10月，应马来西亚中央艺术学院邀请，赴马进行"中国文物鉴定课程"讲学。

秋，应邀参加故宫博物院七十周年纪念活动。

本年，获国家人事部、文化部颁发的"全国优秀文化工作者"称号。

文章：

《辽宁省博物馆藏宝录·前言》（《辽宁省博物馆藏宝录》）

著作：

《辽宁省博物馆藏宝录》（主编）（上海文艺出版社、三联书店（香港）有限公司联合出版，1994年）

1995年（乙亥）八十一岁

1月11日，接待美国白宫顾问陈香梅女士、美中航航空运输董事长郝福满先生一行四人来馆参观访问。

2月3日，应新加坡来福拍卖行邀请，赴新加坡进行为期一周的学术访问。

6月，参加在香港举办的"锦绣罗衣巧天工展"开幕式并致辞。

9月22日，参加"江兆申画展"开幕式。

12月22日，辽宁省博物馆、辽宁人民出版社共同举办"祝贺杨仁恺《沐雨楼文集》出版座谈会"。

12月，主持"中国古今书画真伪对照展"。

文章：

《明沈周〈落花诗〉墨迹浅识》收录于《沐雨楼文集》（辽宁人民出版社，1995年）中，此文作于1984年，介绍了南京博物院所藏的沈周《落花诗》。

著作：

《沐雨楼文集》（辽宁人民出版社，1995年）

《中国古今书画真伪图鉴》（主编）（辽宁画报出版社，1995年）

1996年（丙子）八十二岁

1月，应新加坡励达投资私营有限公司邀请，赴新加坡进行文化考察。

3月6日，参加《中国古今书画真伪图鉴》首发式。

4月15日，接待新加坡著名学者潘受来访。

4月30日，接待台湾画家、原台北故宫博物院副院长江兆申先生一行来访。

5月15日，应美国大都会博物馆邀请，赴美进行为期两周的学术访问。

6月19日，应比利时国家博物馆东方部主任西蒙的邀请，赴比利时、法国、瑞士等国进行学术研讨活动。

7月，应新加坡亚洲拍卖行总经理林秀香女士邀请，赴新加坡进行学术访问。

9月5日，接待红学专家、中国艺术研究院副院长冯其庸一行来访。

9月6日，主持由文物出版社、辽宁省博物馆、沈阳故宫博物院在沈阳举办的"第二届国际书法史论讨论会"。

9月，接待美国大都会博物馆东方部主任屈志仁来访。

9月12日，应马来西亚协济艺苑董事会主席胡志杰之邀，赴马来西亚进行学术活动。

12月16日，赴北京参加全国第六届文代会。

本年，受聘为鲁迅美术学院名誉教授。

文章：

《略谈宋徽宗〈草书千字文〉及其他》（《名家翰墨·宋徽宗草书千字文》，1996年）

《五代董源〈夏景山口待渡图〉浅识——读画杂记之十一》（《艺苑掇英》总第55期，1996年）

《百花齐放的唐代书法艺术》（《书法丛刊》总第47期，1996年）。为《我国隋唐五代书法艺术历史的演进轨迹》（中国美术全集·隋唐五代书法卷）一文中的第三节。

著作：

《中国古今书画真伪图鉴》（主编）（辽宁画报出版社，1996年）

1997年（丁丑）八十三岁

4月，应新加坡国家文物局、亚洲文明博物馆馆长郭勤逊先生邀请，赴新加坡参加亚洲文明博物馆开馆仪式和学术座谈会。

8月，主持由辽宁省人民对外友好协会、日本外务省国际交流基金会、日本驻沈阳总领事馆、辽宁省博物馆、日本文字文化研究所在沈阳举办的“中日文字文化研讨会”。

11月，赴上海博物馆参加“辽宁省博物馆藏书画珍品暨古今真伪作品展”开幕式。

12月，被聘为辽宁省文史研究馆名誉馆长。

文章：

《〈康熙朝官送刘孟倬之任东藩〉跋》（《文物》1997年第8期）

《〈仲尼梦奠帖〉的流传、真赝、年代考》（《名家翰墨·欧阳询梦奠帖》，1997年）

《南宋朱熹〈书翰文稿〉刍议》（《书法丛刊》总50期，1997年）

1998年（戊寅）八十四岁

2月，赴广东美术馆参加“现代美术三大家——齐白石、黄宾虹、徐悲鸿作品展”开幕式。

2月，赴深圳何香凝美术馆参加“中国古今书画真伪作品展”开幕式。

2月，列席辽宁省政协八届一次全体会议。

6月，率部分文史馆馆员赴辽阳考察，并召开有关论证曹雪芹生平及祖籍的学术研讨会议。

9月，赴澳门参加“第三届国际书法史讨论会”。

10月，出席在重庆市召开的全国文史馆工作交流会。

11月，应澳门市政厅邀请，赴澳门为筹备中的澳门博物馆进行书画鉴定工作。

文章：

《元人林子奂〈豳风图〉真伪考辨》（《杨仁恺书画鉴定集》，河南美术出版社，1999年）

《古代绘画史上的一桩公案——两卷〈江山无尽图〉的辨析》（《鉴赏家》总7期，1998年）

《谈谈中国书画作品的真赝问题》（《鉴赏家》总7期，1998年）

谈张即之的书法风貌和大字《杜诗卷》（《艺苑掇英》总62期，1998年）

著作：

《辽宁省博物馆藏书画著录——书法卷》（主编）（辽宁美术出版社，1998年）

《辽宁省博物馆藏书画著录——绘画卷》（主编）（辽宁美术出版社，1998年）

1999年（己卯）八十五岁

1月，应邀赴马来西亚、新加坡进行学术访问，并参观博物馆及私人所藏中国古代书画。

6月，应陕西省文史馆邀请出访西安。

9月，出访法国，考察观摩各博物馆所藏中国古代书画。

12月，应美国纽约大都会博物馆邀请，赴美参加“王己千书画收藏研讨会”，并参观访问洛杉矶、纽约、华盛顿等地博物馆。回程顺访上海博物馆、南京博物院。

文章：

《迎接和开创跨世纪的博物馆事业》（《中国文物报》1999年8月29日）

《唐欧阳询的书法艺术及其传世墨迹考》收录于《杨仁恺书画鉴定集》（河南美术出版社，1999年）。文章首先评论了欧书“劲险刻厉”这一特有风格及历代对其书法的评价，认为《卜商帖》与《张翰帖》为唐人勾填本，《仲尼梦奠帖》与《行书千字文》为真迹，通过分析书风及互相比较分析，认为《行书千字文》与《张翰帖》为早期作品，《卜商帖》为盛年以后代表作，《仲尼梦奠帖》为“暮年所书”。

著作：

《杨仁恺书画鉴定集》（河南美术出版社，1999年）

《国宝沉浮录——故宫散佚书画见闻考略》（增订本）（辽海出版社出版，1999年）

《辽宁省博物馆藏金石文字精粹》（杨仁恺、刘宁主编）（艺友斋，1999年）

2000年（庚辰）八十六岁

2月，赴新加坡参加“中国古今书画真伪作品展”开幕式。

3月，辽宁省文史馆与辽宁省博物馆举办“杨仁恺先生学术研讨会”。

5月，赴香港中文大学讲学。

8月，应菲律宾华侨庄万里子女邀请，前往鉴定庄氏所藏书画。动员庄氏向辽宁省博物馆捐献一批书画十八件，并亲自带回。

9月，赴东京参加“第四届国际书学研究大会”。

9月，辽宁省人民政府授予“人民鉴赏家”荣誉称号。

10月，赴韩国汉城参加“明清皇朝美术大展”开幕式。

著作：

《中国书画鉴定学稿》（辽海书社，2000年）

《沐雨楼留真》（春风文艺出版社，2000年）

《国宝沉浮录》（增订本）（台北新中原出版社，2000年）

2001年（辛巳）八十七岁

4月，应邀赴北京参加在中国美术馆举办的“冯其庸书画摄影展”。

7月，参加辽宁省博物馆在韩国汉城举办的“古今书画真赝作品展”开幕式，并进行为期一周的学术访问、考察。

8月，赴新加坡与吴在炎办理其指画作品捐赠手续，并携带所捐书画回国交与馆里。

9月15日，携夫人赴新加坡参加吴在炎指画艺术展和九十寿诞的庆祝活动。

9月17日，参加“勿忘国耻纪念‘九一八’七十周年研讨会”。

10月21日，赴北京参加“中央文史馆五十周年纪念会”和中国革命博物馆举办的书画展。

10月，辽宁电视台录制播出“人民鉴赏家杨仁恺”专题节目。

11月，应大连空校之邀，前往鉴定书画。

12月15日，出席在北京召开的第七届全国文代会。

本年，赴京参加国家图书馆出版社《碑帖精华》首发式。

2002年（壬午）八十八岁

1月，应邀赴台北参加中原出版社《书画鉴定学稿》出版发行式及“书法艺术研讨会”。

5月，同文史馆馆员赴天津考察交流。

8月23日，参加在中国南京召开的“第五届中国书法史论国际讨论会”。

10月，同文史馆馆员赴山西省考察。

10月，赴上海出席由故宫博物院、辽宁省博物馆与上海博物馆共同主办的“晋唐宋元书画国宝展”开幕式并参加学术研讨会。

12月，应邀赴美国洛杉矶出席“美中文物收藏协会学术报告会”，并接受大会所颁发的荣誉证书。

文章：

《晋唐遗珍 书画开源》（《晋唐宋元国宝特集》，上海书画出版社，2002年）

《试论魏晋书风及王氏父子的风貌》（《第五届中国书法史论国际研讨会论文集》，文物出版社，2002年）

著作：

《吴在炎指画精品集》（主编）2002年

《辽宁寺庙塔窟》（名誉主编）（辽宁美术出版社，2002年）

1978年10月28日在上海博物馆“渐江、石溪、八大山人、石涛绘画艺术讨论会”上作《四僧事迹泛考》学术报告

1996年10月12日，杨仁恺与冯其庸参观上海博物馆裱画室中的大理石洗画池

徐邦达、杨仁恺、谢稚柳、杨伯达摄于加拿大多伦多市嘉年华画廊

1998年9月16日，杨仁恺在庆祝鲁美附中重建庆典笔会上作书留念

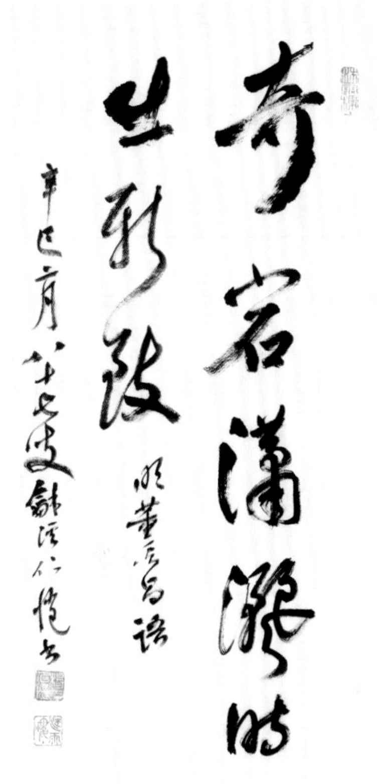

杨仁恺 董其昌语

2003年（癸未）八十九岁

1月，赴辽宁省盘锦市参加“海峡两岸书法家学术交流会”。

1月，于沈阳与庄廷伟、幺喜龙共同举办书法展并出版作品集。

3月，与启功、沈鹏、黄苗子、冯其庸等人一道参加荣宝斋杂志主办的“传统魅力”书法提名展。

7月，赴京参加北京嘉德十周年庆祝会并为之鉴定书画。

8月19日，应故宫博物院邀请参加“两晋、隋、唐书画特展”开幕式及研讨会。

9月20日，应邀赴上海博物馆参加“淳化阁帖最善本讨论会”开幕式。

10月，应邀出席故宫博物院“宫廷画讨论会”开幕式。

本年，参加文化部中国文化艺术品鉴定委员会第一次工作会议。

2004年（甲申）九十岁

1月5日，赴上海参加“《淳化阁帖》二王书法大赛”，任评委。

5月16日，参加“吴在炎指画捐赠展”开幕式。

5月，在沈阳军区总医院被确诊为多发性骨髓瘤。

8月，中央电视台“大家”栏目播放杨仁恺专访节目。

8月31日，赴香港参加“辽宁省博物馆新馆开馆推介会”。

9月，赴四川、重庆、成都及岳池等地。

10月1日，辽宁省文化厅主办，辽宁省博物馆承办庆祝九十寿辰，多方来贺。

10月5日，赴深圳校订辽宁省博物馆编辑《清宫散佚书画国宝特集》一书。

10月12日，赴北京参加“圆明园遗址讨论会”。

10月25日，赴香港参加辽宁省博物馆新馆开幕新闻发布及《清宫散佚书画国宝特集》发布会。

11月12日，参加辽宁省博物馆新馆开馆庆典活动并主持“中国古代书画艺术国际学术研讨会”。

本年，与宋雨桂、郭德福等人合作出版《盛京演义》连环画。

文章：

《风流姿绮靡〈簪花仕女图〉》（《中华遗产》2004年第2期）

《清宫散佚书画始末》（《中华遗产》2004年第2期）

2005年（乙酉）九十一岁

1月7日，赴澳门参加“梁洁华人物画展”开幕式。

4月26日，赴北京参加“张仃回顾展”。

7月6日，赴北京参加启功遗体告别。

10月8日，赴北京参加故宫博物院建院八十周年庆典活动及“《清明上河图》暨宋代风俗画国际学术研讨会”。

10月，受聘为中国人民大学国学院学术委员。

12月2日，赴徐州参加李可染艺术馆开幕活动。

12月24日，经南京、宜兴赴上海参加上海博物馆、故宫博物院联合书画展及讨论会。

著作：

《沐雨楼书法引玉集》（辽宁人民出版社，2005年）

2006年（丙戌）九十二岁

3月12日，赴上海博物馆参加“中日书法珍品展”研讨会并主持会议。

4月，同省文史馆馆员赴浙江省考察、参观。

本年，《杨仁恺集》十卷本开始编辑。

2007年（丁亥）九十三岁

7月底，李瑞环、李克强、张文岳、郭廷标前往医院看望。

8月，与鲁迅美术学院孙世昌、辽宁省博物馆马宝杰共同招收美术史硕士研究生。

10月，李经国编《沐雨楼来鸿集》由北京图书馆出版社出版。

2008年（戊子）九十四岁

1月31日5时25分，病逝于沈阳金秋医院。

2月15日，在沈阳回龙岗殡仪馆大厅举行遗体送别仪式，社会各界近千人参加。同日下午于辽宁省博物馆举行“杨仁恺先生追思会”，各地专家近百人出席。

文章：

《末帝散佚书画始末》（《末帝宝鉴—辽宁省博物馆藏清宫散佚明清书画》，美国华美协进社，2008年）

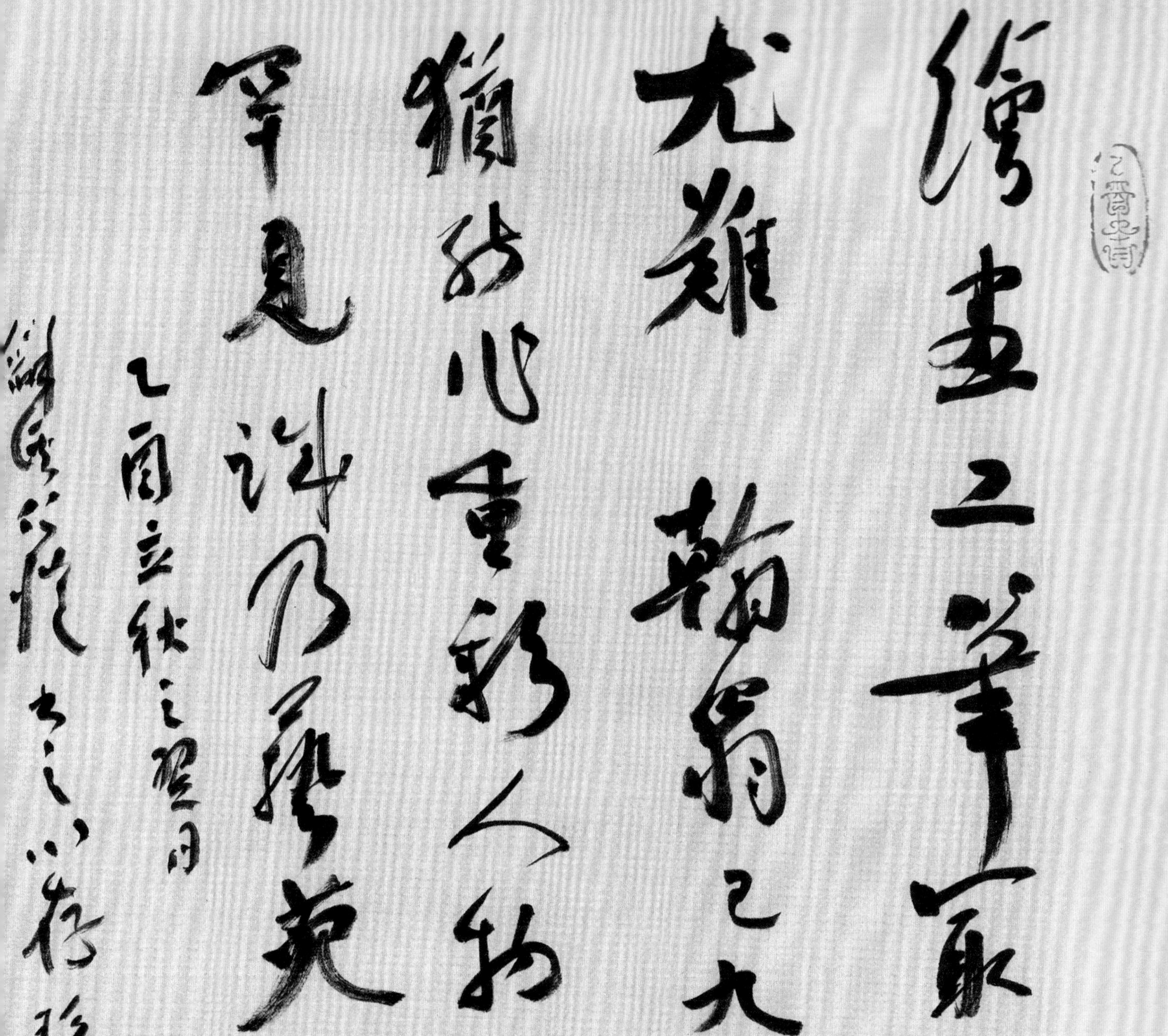

杨仁恺　行书跋语　纸本 2005年
释文：绘画工笔最难，晚年尤难，翰翁已九秩二高龄，犹能作重彩人物、山水，实属罕见，诚乃艺苑一绝也。乙酉立秋之翌日，和溪仁恺书之以存珍闻耳。
钤印：杨仁恺玺（白）　沐雨楼主（朱）　乙酉大吉（朱）

承宋元古意 写时代华章
—— 韩天衡先生的艺术世界

何家英

韩天衡，1940年生于上海，祖籍江苏苏州。号豆庐、近墨者、味闲，别署百乐斋、味闲草堂、三百芙蓉斋。擅书法、国画、篆刻、美术理论及书画印鉴赏。

作品曾获上海文学艺术奖、上海文艺家荣誉奖等。2010年被专业媒体评为“2009年度中国书法十大人物”，并由《书谱》社三十五周年海内外五百七十一家专业机构署名问卷公布为“最受尊敬的篆刻家”及“三十五年来最杰出的篆刻家”（书法为启功先生）。2012年首届《书法》杂志论坛被评选为当代三十家优秀范本书法家之一。2014年荣获中国书法最高奖“兰亭奖艺术奖”榜首。2016年被命名为上海市非物质文化遗产项目“海上书法”代表性传承人。担任第一至四届海峡两岸中青年篆刻大赛总顾问。2019年担任“全国大学生篆刻大展”评委会主任。曾获日本国文部大臣奖，先后在中国香港、台湾、澳门等地区及日本、新加坡、马来西亚、德国等国家多次举办个人书画印系列展览。作品被大英博物馆等博物馆、艺术馆收藏。2015年6月起，“不逾矩不——韩天衡学艺七十年书画印展”大型系列活动先后在浙江美术馆、湖北美术馆、上海中国画院、上海吴昌硕纪念馆、上海韩天衡美术馆、澳门艺术博物馆、云南博物馆、山东博物馆、宁波博物馆、深圳市当代艺术与城市规划馆举办，并策划举办“朽兮不朽——三百芙蓉斋文房特展”、“兰室长物——历代文房艺术”、“文心在兹——古今砚文化特展”、“海上六大家书画作品展”等艺术鉴藏精品展览。

出版有《历代印学论文选》、《中国印学年表》、《中国篆刻大辞典》(主编)、《韩天衡画集》、《韩天衡书画印选》、《韩天衡篆刻精选》、《天衡印话》、《天衡艺谭》、《中国现代绘画大师·韩天衡》（英文版·美国普林斯顿大学出版社出版）等专著逾一百三十种。其中《中国印学年表》获首届中国辞书评比三等奖、《篆刻三百品》获中宣部兰亭奖等，《中国篆刻艺术》出版有日文本。2001年受命为出席上海APEC会议的二十个国家和地区元首篆刻姓名印章，由时任国家主席江泽民作为国礼赠送各位领导人。2013年10月，收藏有他个人捐赠国家的1136件艺术珍品、占地23亩的韩天衡美术馆在上海嘉定正式开馆。2017年2月受中共宁波市委宣传部之聘，成立“韩天衡文艺大师工作室”。

现任中国艺术研究院中国篆刻艺术院名誉院长、上海中国画院顾问（原副院长）、国家一级美术师、享受国务院特殊津贴专家、上海市书法家协会首席顾问、西泠印社副社长、上海韩天衡文化艺术基金会理事长、韩天衡艺术教育基地校长、上海吴昌硕艺术研究会会长、吴昌硕纪念馆馆长、中国石雕博物馆馆长、中国社会科学院研究生院教授、上海交通大学教授、华东政法大学教授、温州大学教授、华东师范大学艺术研究所特聘教授、复旦大学哲学学院特聘教授。

韩天衡先生与我已经有二十多年的交情。1993年，我与天津三位老师共同去上海美术馆搞展览，曾邀请韩老师出席开幕式，也就是那次机会，我认识了韩先生。韩先生是前辈，对于我这个晚辈倍加抬爱！我也为认识韩先生感到荣幸！从此我们成为了忘年交。2007年夏天，我在上海搞个展，又携夫人去拜访先生，又得到了先生的鼎力支持！不仅出席了开幕式，还盛情招待我们。后来，我只要来上海去看望先生，先生都会以好友相待。2018年我携夫人刘凤萍去看望韩先生，并参观了韩天衡美术馆，了解到先生向国家捐赠了1136件艺术品，让我再次领略到了天衡先生化私为公的大爱情怀，卓尔不群的风范。这次应韩天衡先生之托，来为他写画册的序，实在让我诚惶诚恐，我不懂篆刻，怎敢为先生写序呀？在韩先生一再敦促下，我不得不斗胆操笔，把自己对先生的粗浅感知和认识写出来，权且为序吧。

韩天衡先生的书画、篆刻，于海内外，有着众多的知音和广泛的影响力。

2016年，韩天衡先生荣获中国书法艺术最高奖——“第

江山如此多嬌引無數英
雄競折腰惜秦皇漢武
略輸文采唐宗宋祖稍遜風
騷一代天驕成吉思汗只識
彎弓射大雕俱往矣數風
流人物還看今朝

毛澤東詞沁園春
歲己亥夏吉
日壺八十叟作一戈

2019 篆书毛泽东《沁园春·雪》 390cm×576cm

五届兰亭奖”，颁奖词说道：“韩天衡先生多闻博涉，精研睿思，勤于探索，著述等身，填补了许多印学领域内的空白。在从事书法篆刻创作及研究的半个多世纪里，他刻苦磨砺，铁笔纵横，引领时风；坚持义务教育，课徒授艺，培养书坛后劲；热心公益，慷慨捐赠，泽被世人。对于推动当代书法复兴，促进艺术传承与创新，贡献巨大。”由此来看，韩天衡先生以书法金石家的身份来研究、创作绘画，其眼光、其视角、其手段必然会区别、高于一般。诚如，多年前，中国美协的刊物曾有介绍他绘画的专题，称他是“清奇、洁莹、恣肆的大家”，一言中的，实至名归。

韩天衡先生的书法，篆、隶、楷、行、草诸体通擅。无论是盈尺册页、四尺斗方、八尺整张，还是丈二巨制，皆能拿捏自如，神完气足。在创作中，他有意强化了用笔提按的律动，使线条跌宕起伏，奔腾激越，起承转合，顺乎自然。这流淌于字里行间的律动，使作品在完整性中有了一种与生俱有的堂皇、厚重和灵动。比如，他那凝练浑厚、纵横跌宕的行草书，笔致气势充沛，巧妙地展示了他对线条的感悟、把握和自由调遣的能力，遒劲的笔墨间流露着篆籀高古的气息。如他的《涛声》、《中兴》、《鹏飞》

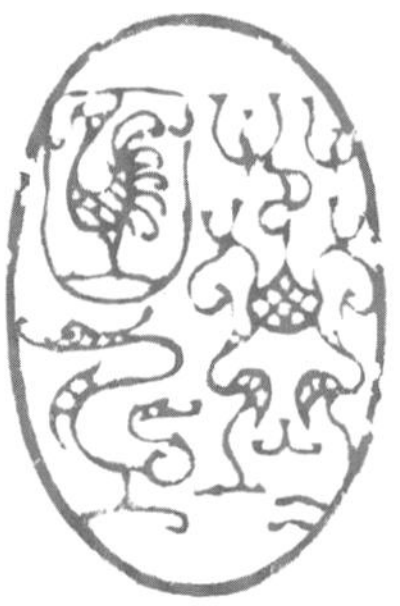

2012 蒸蒸日上

2012 蒸蒸日上印石

等榜书巨制，每幅高度都在五米上下，雄浑飞动的线条，既有横扫千军的壮阔，又有举重若轻的淡定，那是多么宏大的气概呀！又如，他那极具审美价值的篆书，思接远古文化正脉，悟其深邃的内涵，在现代创新思想的精辟诠释下，古老的篆书又一次激发出了全新的活力和生命力。这新趣叠出的“韩氏草篆”，为他在篆刻上开宗立派奠定了强实的基础。这也让人们充分感受到，韩天衡先生“传统万岁，创新是万岁加一岁”辩证哲学思维与艺术创作灵活运用的睿智。

早在20世纪70年代中期，韩天衡先生的篆刻就得到师辈的首肯，沙孟海先生称赞其“为现代印学开辟一新境界”，其风格多样的作品和丰厚的印学理论著作，使他成为引领印坛的一面旗帜。

韩天衡先生的篆刻，堂皇大气，变幻莫明，拙中藏巧，动中寓静，自然含蓄，充分体现了雄、变、韵的情致。在表现手法上，同样受到了书法和绘画的影响，印面结字充满画意，线条格外灵动、飘逸。我尤其欣赏他最擅长的鸟虫篆印，没有了一般篆法绸缪重叠的繁复，章法填实盈满的沉闷，而是以简约灵动为手段，化繁为简，由此拓展了结字空间的疏密对比，既保留了鸟虫篆的审美特征，又将鸟虫篆印创作提升到一个新的历史高度。另外，他创作的许多生肖印，从中可品味出汉画像砖、民间剪纸、壁画、图腾、神禽、年画等意韵，其线条简练概括、夸张诙谐，印取百代，万法万一，给人以耳目一新之感。

有了对书法、篆刻的深刻理解和滋养，以及超越常人的学养和手段，使天衡先生的绘画便有了“清奇、洁莹、恣肆”的风神。在我看来，这“清奇”是他发自内心的一种沉静诗意情怀的表达；这“洁莹”是他对个性审美的融洽和不懈追求；这“恣肆”是他天生的一腔豪情和性格的真实写照，鲜明的个性和风格多样，为人们构筑了一个光彩照人的艺术空间，成为当代海派艺术的优秀代表。

韩天衡先生绘画从本质上来讲，走的是传统文人写意画一路，但在传统面前，他始终保持着特有的理性和智慧，将对传统的理解和感悟，融入了现代绘画精神。故而，他的绘画从工稳秀逸的小写意，到氤氲水墨、奔放恣肆的大写意，紧紧地抓住写意的书法笔墨和抒写意趣，其用笔在意于“写”，一笔入纸，入木三分，一点一线在张力中透射出一种毫不含糊的磊落，抓人心魄。

韩先生笔下的荷花、翠竹、兰花、葡萄、古梅、鸟、红鱼、苍松、杨柳……都是从古至今画家们乐此不疲、经久不衰的题材。他认为，这些题材之所以能传承不息，这不仅是单纯的笔墨传承和诗意阐释，而是画家对艺术本体的理解，更是歌颂宇宙生命，大自然生生不息的永恒精神主题。因此，

2018 君子之格与梅并重　67cm×67cm

他用独特的笔墨语言和自塑物象赋予了强烈自成的个性风貌，一如他所崇尚的“诗心文胆”。“以小寓大，以小胜大”是天衡先生，在创作上善于运用的表现手法。他往往先对表现物象进行大胆取舍，在概括中生发，又抓住一个局部生动的瞬间，加以深入刻画和放大，充分表达出主题深邃幽远的意境。通过画面为观者呈现出一个更加广袤的时光空间，获得真切的诗意感受和丰富的联想。如他画的竹子，无论是淋漓的水墨，或是勾勒，其遒劲的线条，准确勾写出竹竿、竹叶，叶与叶、竿与枝、枝与叶的之间自然穿插、前后空间关系，笔致的虚实、提按、轻重，交待得十分到位，仿佛能听到竹叶在风中摇曳的沙沙声，显现出他娴熟的造型能力和书法功底。

从诸多作品可以看出，天衡先生是水墨和重彩运用的高手，或是水墨挥写出清朗雅逸的宋风、元韵诗境，或是浓墨重彩抒发当代的审美和情致，传统与现代，信手拈来，出神入化，精彩纷呈。如他的荷花，无论是泼墨，还是泼彩，纵肆旷达的笔致，于墨色渗化之中，既有整体而简约的概括，似乎是一笔带过的率意，在交叠重合中，似叶非叶，模糊中的分明，迷离中的清晰，一派元气苍茫、灵透、浑厚气象。于局部又有似乎不经意的精心刻画，使画面洋溢着浓淡枯润、疏密开合、轻重长短的节奏变化。荷花的花瓣用细笔勾出，朱红的金线，与叶上的宝蓝和汁绿，使墨与色交融，

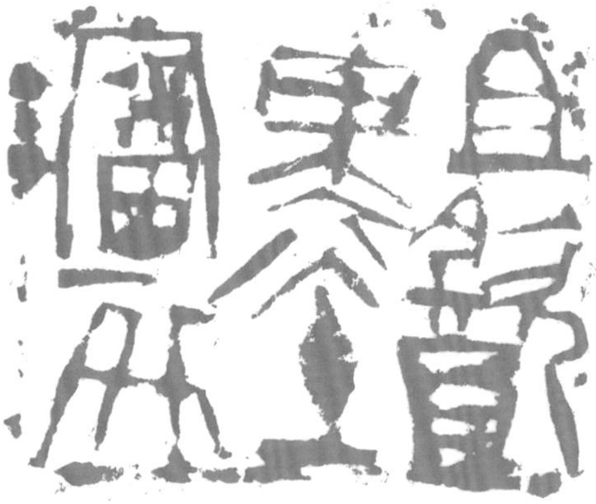

2016 且饮墨瀋一升

2016 且饮墨瀋一升印石

色与墨交相辉映，丰富多采，从骨子透射出文人画特有的雅致和幽远气息。水墨透明而不失厚度，色彩靓丽而不失沉稳，抒写出吞吐大荒的豪迈胸襟。

在韩天衡先生的画中，常会出现几只独立特行的“韩鸟”，这只呈三角形的鸟，是他“取百家法、立一家式”，他自称是读过几年书的、会思想的鸟。这是他胸中的块垒，一个去古无二的突出的艺术符号。

韩天衡先生是一位注重融会贯通的智者，他 4 岁学书法，6 岁学刻印，十几岁时学写诗文 ,35 岁学画。他把艺术各个门类视为“一个马蜂窝”，他得益于打小就浸润在众多书画大家之中，每日耳濡目染，滋养了他的艺术脑海。这也是其他青年画家所不能比拟的特殊条件。在七十多年的学艺岁月里，他始终以老学生自居，读书问学，刻苦钻研，甘于寂寞，羽毛自爱。且一直致力于将收藏鉴赏、美术理论、教育等等相关知识的“蜂穴薄壁”一一打通，在求索中左右逢源，成就了他着高标自立的理想追求。

今年，时值韩天衡先生 80 寿诞，他的“不逾矩不——韩天衡书画印展”将于北京国家博物馆隆重推出。相信，届时天衡先生凝聚了一生沧桑的海派艺术，一定会成为金秋京城一道美丽的风景线。

祝韩天衡先生宝刀不老，笔歌墨舞，艺术长青！

2019.9

作者：何家英，中国美术家协会副主席

2017 月是故乡明 45cm×38cm

2018 诲人不厌

2018 诲人不厌边款

2018 诲人不厌印石

2016 心畅

2009 味外心绪

2016 心畅边款

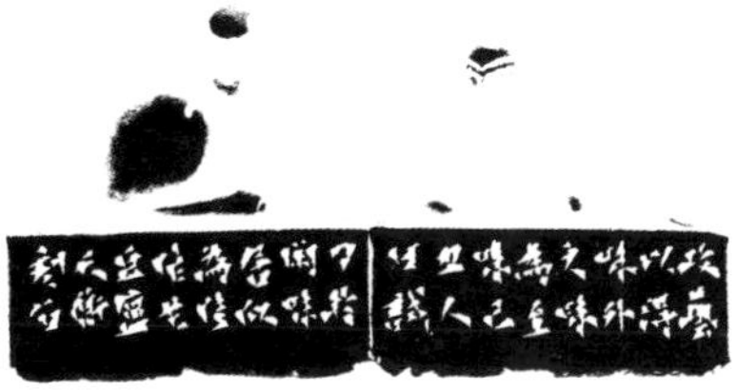

2009 味外心绪边款

2017 愚公移山

2015 中国梦

2019 如意

2016 抓铁有痕

2019 如意边款

2018 文心在兹

2017 咬定青山不放松 146cm×79cm

2018 行书 “三阳四序” 四言联 137cm×23cm

涛声

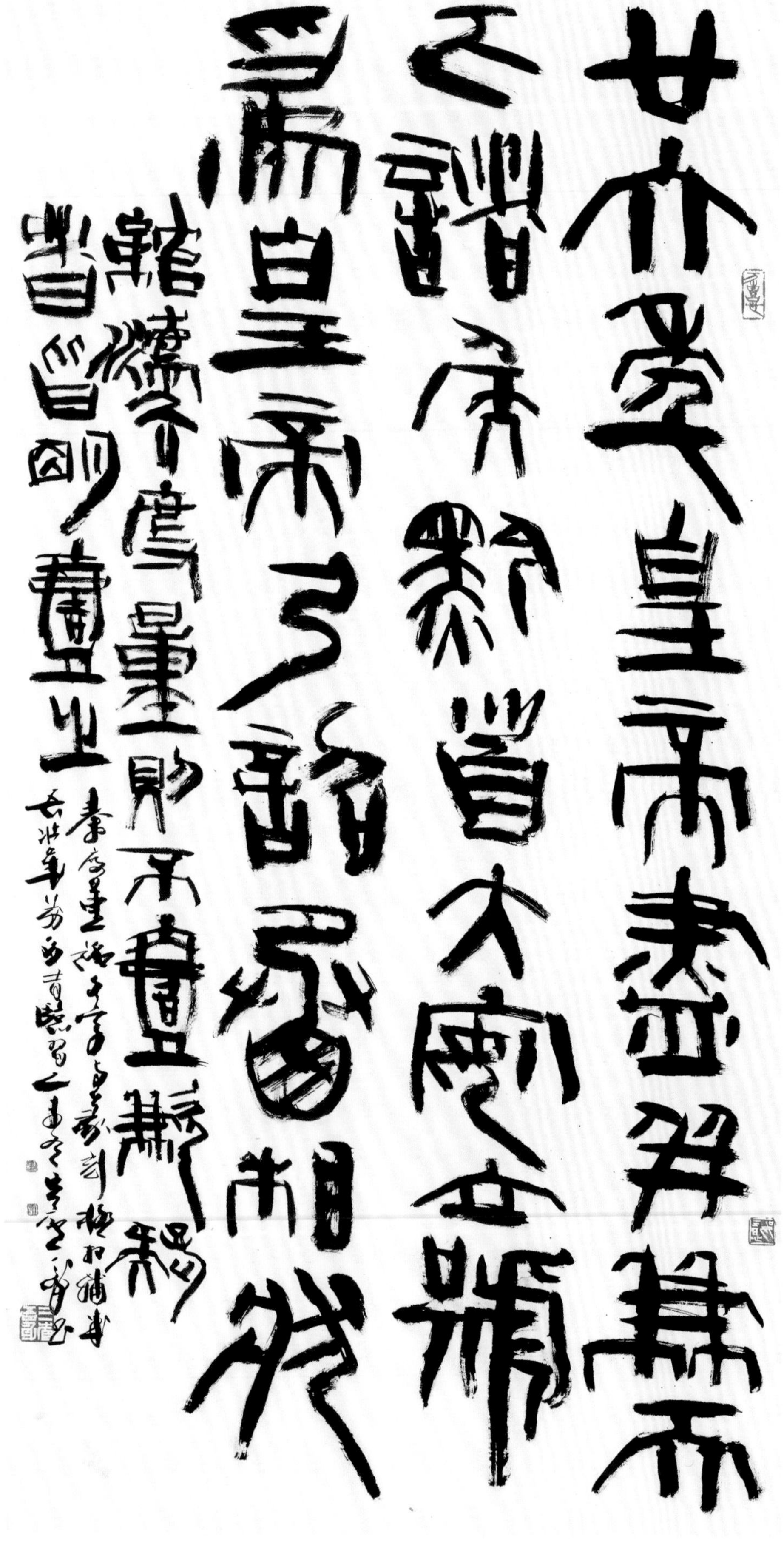

2015 篆书秦诏版 150cm×77cm

2017 行书扬州平山堂联句 150cm×76cm

2016 隶书 "出没笑谈" 七言联 143cm×34cm

1995 月夜芦鸭图 87cm×51cm

1998 夏威夷冬游印象 90cm×48cm

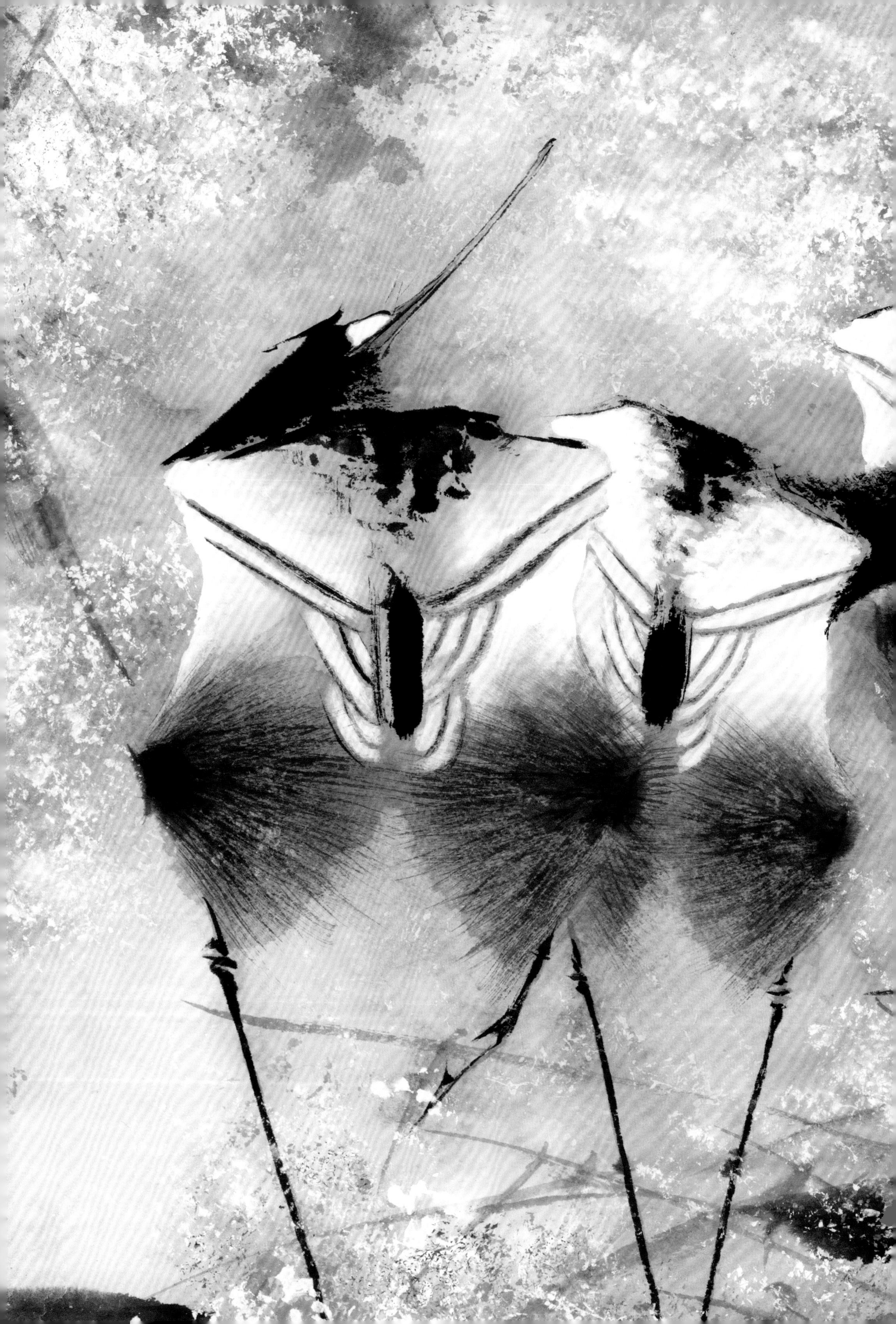

2012 斑斓秋色 69cm×34cm

2016 行书刘敞《微雨登城》 138cm×70cm

2002 无上宁静 89cm×48cm

2017 五彩葡萄 90cm×34cm

良師授業去愚辭惑啟新智戌世志賢
者傳道考古論今通道昌德得大觀
乙未元月初十日晉吉野承中山主器字大衡

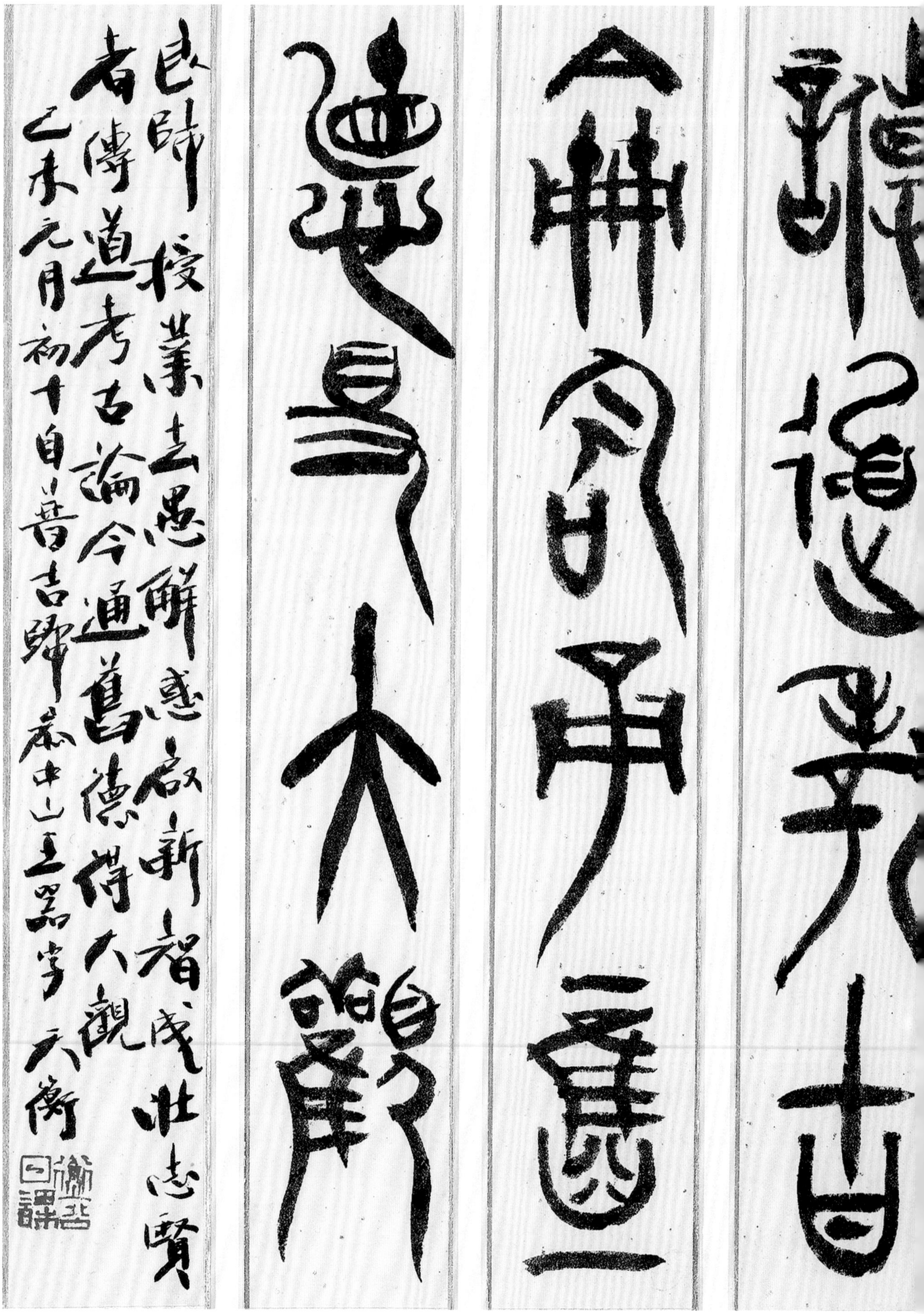

2015 篆书良师受业联句横幅 35.5cm×5.5cm

後樂堂·新作

吴善璋

吴善璋，1948年生，江苏苏州人。享受国务院特殊津贴，国家一级美术师，宁夏文史研究馆馆员。现为中国书法家协会第七届顾问、中国硬笔书法协会名誉主席、宁夏书协名誉主席等，宁夏文联名誉主席。曾任中国书法家协会副主席、行书委员会主任、硬笔书法委员会主任。

书法作品入选全国书法篆刻展、全国中青年书法篆刻展、20世纪书法大展、千年书法大展等中国书协举办的书展十多次。作品代表中国方面参加过中日、中韩、中新（新加坡）等国际间书法联展，书作收录《中国现代书法选》《中国当代书法选》《全国著名书法家作品集》等数十种大型书法集。作品收藏于黄帝陵、中南海、人民大会堂等处。1998年出版有《吴善璋书法作品》专集。

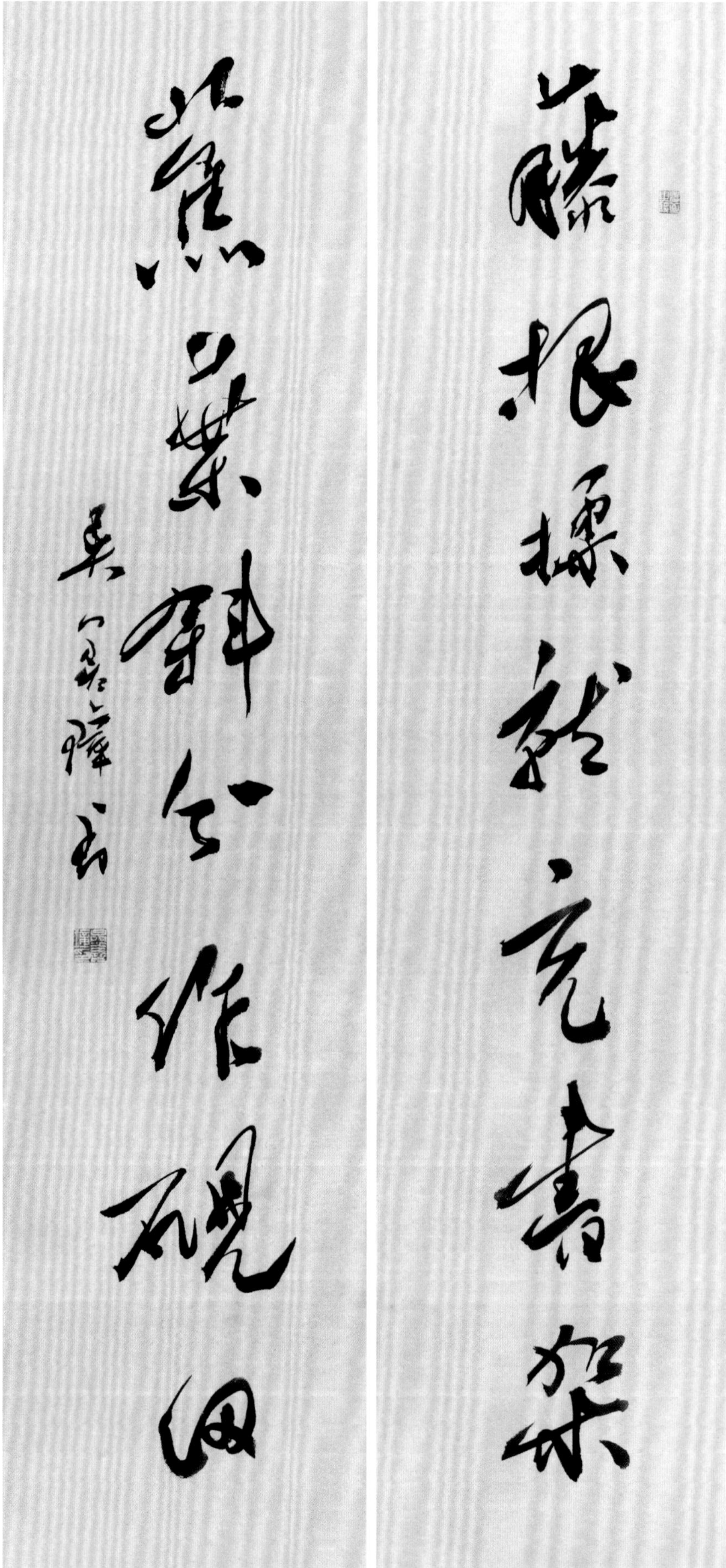

藤根蕉叶行书联

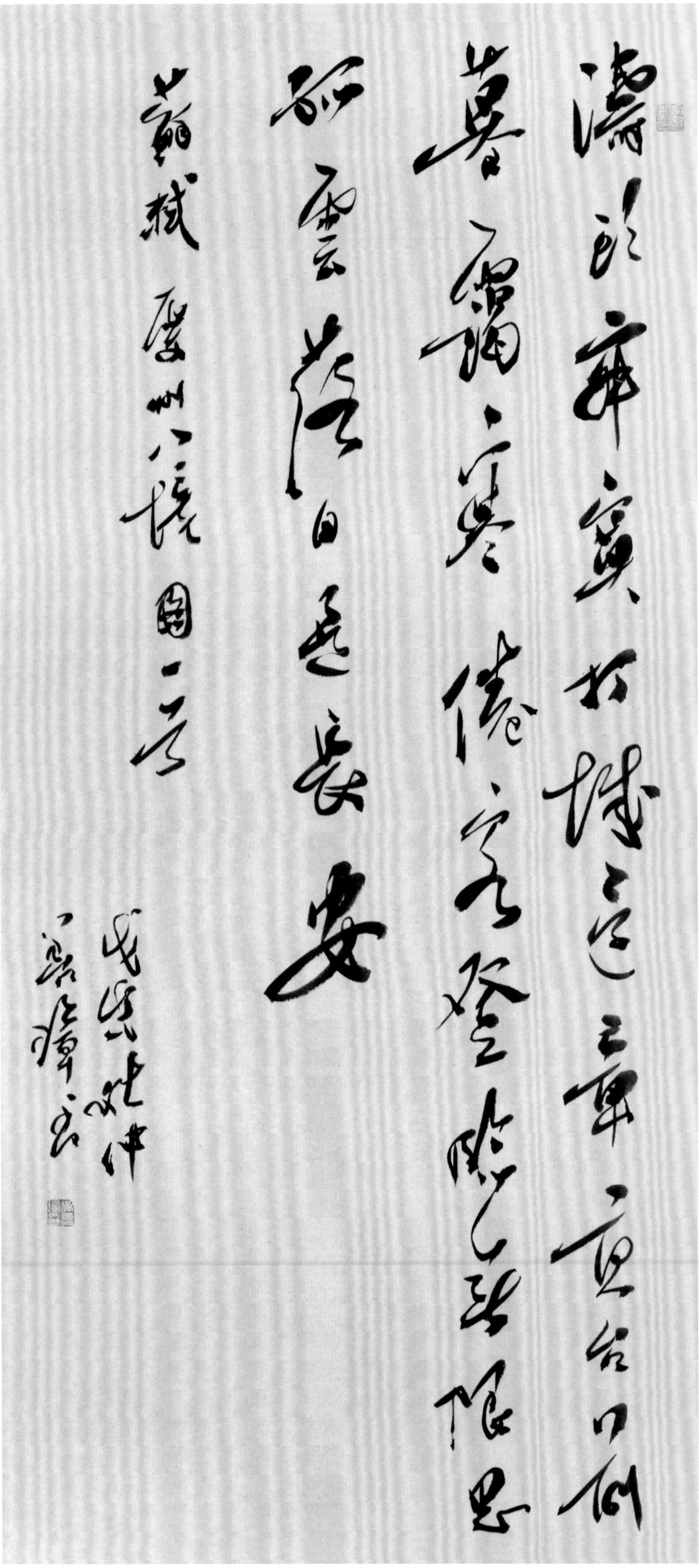

吴善璋 行书 苏轼 虔州八境图其一

吴善璋：书法的时代意义

李光荣

攀登时代文艺创作的高峰之路如没有学术理论的支持那一定盲人瞎马式的旅程。执笔善璋先生，不是我对书法理论有多深的领悟，只缘于我对先生致力于中国当代书法事业，多年来所做的努力和探索的尊敬。特别是对开展推进书法批评的不懈努力的尊敬，惟恐于事无功，断无妄评之意。

任何一门艺术，首先要有它的美学价值，书法艺术也不例外。书法首先是按照时代审美观，体现人文修养的艺术。评判一幅书法作品的优劣，脱离不了中国历朝历代“书以人贵”的基本标准。因为好书法要“存乎其人”，也要应和时代的召唤。新时代的书法不再是旧有个体圈子式的审美意识，而是书法家放眼全球的博大格局以及担当时代文化复兴的博大胸襟。解读吴善璋先生的人生价值和艺术成就，当建立在这样一个与时俱进的认知之上。

2019年春节刚过，我与著名书法家李景杭先生造访了原中书协副主席、著名书法家吴善璋先生。聆听请教了先生对于新时代书法家创作应该体现什么样的时代特色的智慧见解。他认为，笔墨当随时代。书法风格融铸了书家对文字的理解，更由于对历代书法经典的卓越成果的继承，以及涵泳书法过程的思考。他说，书家创作认识的深度，体现了他的美学修养认知水平的高度。

作为书法家，确立与时代和人民同行的书法创作价值取向，关乎一个书家的艺途能走多远，攀多高的问题。书论云“晋尚韵、唐尚法、宋尚意”，不同时代书法艺术有不同的追求和风格。今天我们讲守正创新，讲继承发展，是众多书家都在不断探索的课题。我以为，当代的书法应尚“为”，就是书法家能否创作出满足人民对书法艺术美好向往与需求的作品，善璋先生当属为此奋斗不止之列。

作为同时代在塞上古城共同成长起来的书友，李景杭先生对善璋先生的书道历程如数家珍。他认为，善璋书艺不仅蕴含晋唐宋元明清的机理，其推陈出新所彰显出的是帖学中清新潇洒、隽秀动人的当代风貌，他的每一件作品中的字里行间，都流露出一种浓郁的“情”，这即是他对书法理解的高度。

景杭先生一往深情地评述说，在共同求索的四十多年里，善璋书艺从初级阶段到高级阶段，经历了三次书体风格的变化，八十年代至九十年代，他苦练基本功，从蝇头小楷的字幕，到擘窠巨书，从信笔涂抹到出规入矩，其背后的艰辛惟有自己知道，这是他第一个阶段从传统楷书入手，渐转入行楷而有所得。第二阶段的行书作品，已步入游刃有余，书我俩忘之境界，线条质量已从传统规矩，进入书艺之“道”的美学层次。写字凭感觉而出神入化。这从他新世纪诸多作品中可见端倪。第三阶段是近十年来的作品，已经从传统行楷书的羁绊中脱胎而出，天马行空，在书艺的海洋中任情挥洒，苍劲中求润泽，匀称中呈变化之趣。达到了新的艺术境界，而又不失传统法度。对此评论，吴善璋认为，自己没有李景杭先生说的那么高，那么神，

《中国大书法》主编张华庆与吴善璋先生在一起

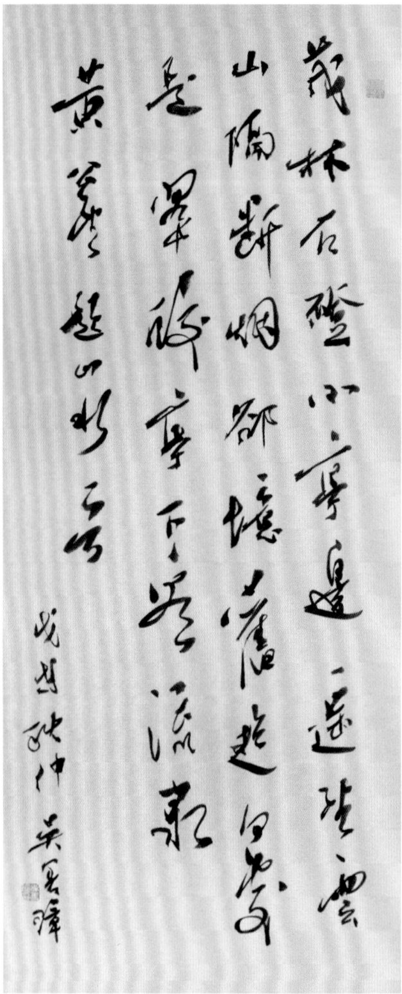

吴善璋 行书 黄公望 题山水一首

楷书写得不那么好，只是能写罢了，李景杭先生的话充满了友善和情义，捧场的意思居多，在此我深表感谢。同时也应向他所述的那个水平努力。

善璋先生书艺之路昭示我们，一个人一生只要坚持做好一件事情，就可以认为他实现了自己的人生价值。所以他以“我为书法生”的精神作为自己的理想，而艺术之路上之所以成功，除了要有过硬的基本功外，最重要的是同时应该具备良好道德品质的素养，这是通向艺术成功之路的不二法门。浸透着吴善璋与时俱进的时代脉搏。

不同历史时期的书法成就，都是以那个时代的书法创作成果为标志的，当代书法也不能例外，善璋先生在宁夏生活了60年，他的艺术价值和成就充分体现在翰墨之间，多年来他视书法为生命，作为两任中书协副主席，在任职期间,仍不断地在书法创作方面而努力,水平也一直在提升，善璋先生几十年来勤耕不辍，潜心钻研，从楷书入手推及篆隶行草诸体。对历代书法大家王羲之、欧阳询、颜真卿、孙过庭、米芾等人的名帖名迹认真临习研究，并借鉴汉简、敦煌遗书、晋人残纸等，不断提升自己的艺术境界，拓宽自己的艺术襟怀，丰富自己的艺术语言。他的作品是新时代书法创作中值得关注的一家。

中国书法字体的蓬勃发展主要得益于倡导者和实践者，一个书法家作品的形式特征和意境趣味等都反映着所处时代现实生活中的人文特征和审美理想。善璋先生的书法最鲜明的特色就是具有时代性，从楷书入手推及篆隶、行草诸体，可说笔笔有出处，横竖撇捺皆有渊源。其书法作品在点画的活泼跳荡以及每一笔都体现了他的人文素养和风格个性，可以说是用活了古人笔墨，是古人笔墨时代化的有效尝试。

在吴善璋看来，书法是要为人民服务，但不只是满足大多数人的欣赏需求，书法家还有另一项社会职责，那就是引领和培养人民高尚的生活情趣。书法活动是千百万人的事业，如同体育活动一样，需要众多的“粉丝”来参与，方可形成良好的书法氛围。人民是国家的主人，他们的书法鉴赏能力不会始终停留在较低水平上，书法家要树立尊敬人民的时代新观念，因此也应当把人民当做书法艺术最重要的服务对象，因此也有责任有义务引领人民大众提高书法欣赏和书写水平，提升他们的文化素质，并且与他们一路同行，合力推进社会主义文化事业的大发展大繁荣，让更多的人分享传统书法带给人们的愉悦和精神享受。

善璋先生是一位善于思考、勤于总结的学者，他对社会和人生，对一些学术领域有真知灼见。近年来，特别是在书法的实践和理论上建树颇丰。他在《人民政协报》撰文表达了一个鲜明的观点；新时代要求书法家在确定创作方向和规划创作道路时，首先要以人民为中心来思考、决策和行动，将自身事业的发展与国家民族发展的大局相顺应，使自己的艺术服务于更多的人，发挥更大的影响。也只有这样，艺术家才能实现人生价值的最大化，才能更多地得到社会的认可与回馈。

行笔至此，我似乎感悟到了善璋先生不忘初心的书艺情怀，所承载时代书法的意义，也深切地感受到他从一个普通书法爱好者夯实走向书法大师的履痕足迹。正如善璋先生所言；真正将书法推向历史高峰，推向传统文化高峰的，是我们所处的这个时代，每一个书法家特别是年轻的书法家，应因此而鼓舞，因此而奋发，勇扛大旗，勇挑重担，不负党和国家的信任，不负时代与民族的重托，书写自己的不悔人生，用优秀的作品为人民服务，在实现中华民族伟大复兴的中国梦的征程中，贡献全新的书法力量。老一辈书法家，则应发挥人梯精神，助他们成功。

采访结束时，在我询问善璋先生有什么想法时，他说道；我已步入人生的晚年，唯一的想法是审视自己的创作，找到短板和缺口，发起最后的冲锋，以期晚年变法的成功——写出在当代书法的历史回眸中，还值得一顾的作品，我也相信充满创作激情的晚年一定会更加绚丽多彩。

感谢李景杭先生协助采访。

擘窠书(bò kē shū)，大字的别称。古人写碑为求匀整，有以横直界线划成方格者，叫“擘窠”。一般书体为楷书。

吴善璋　行书　思其言有联

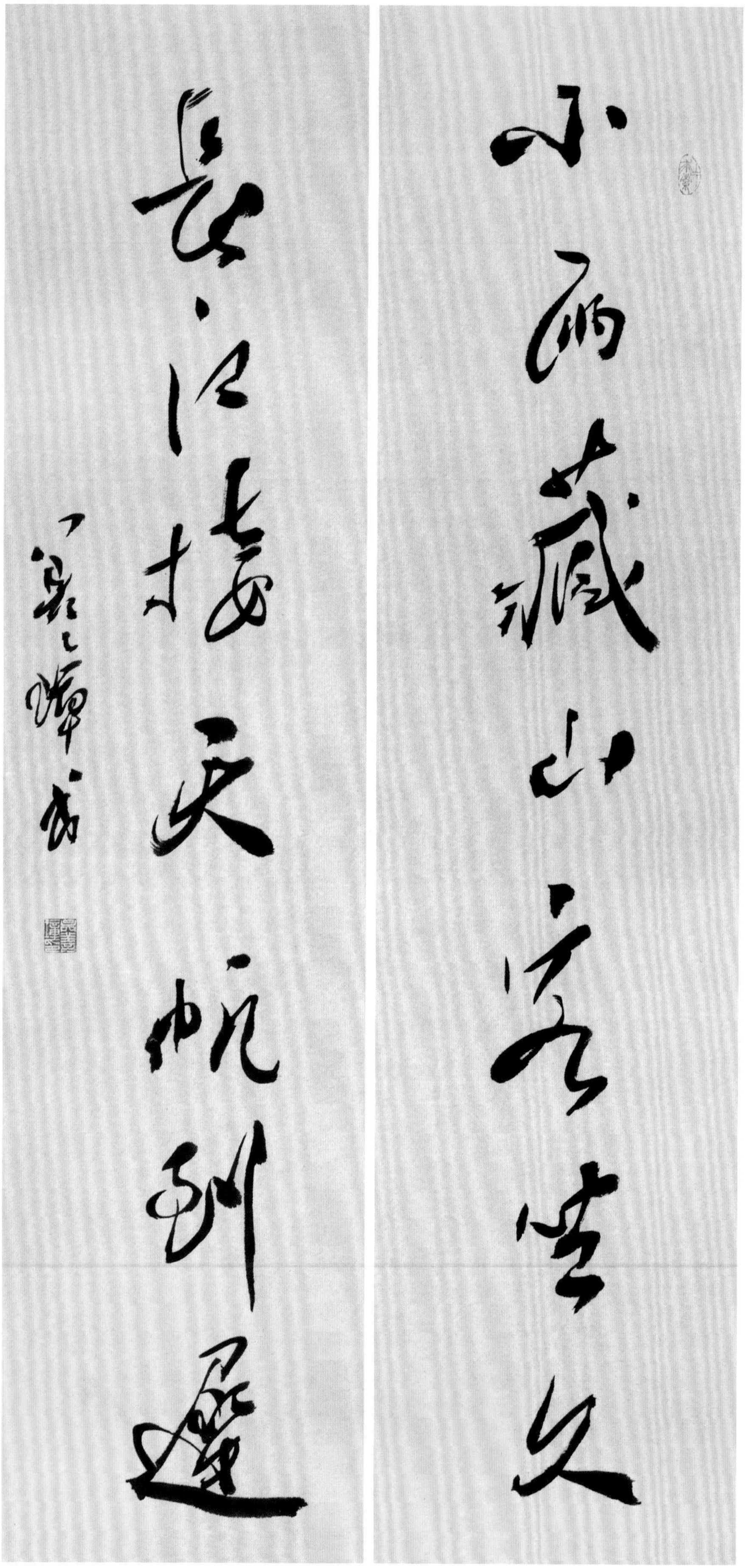

吴善璋 行书 小雨长江联

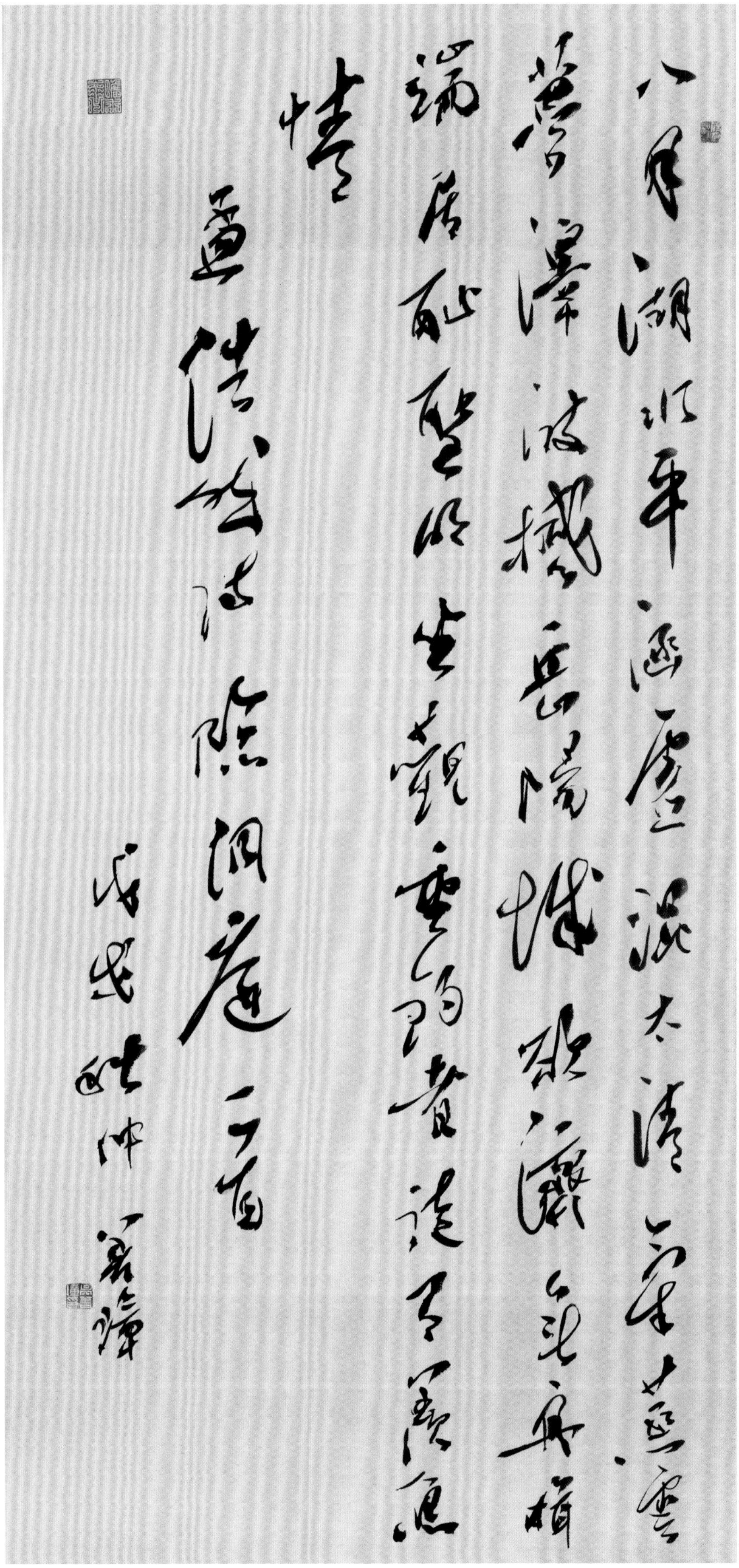

吴善璋　行书　孟浩然　望洞庭湖赠张丞相

张改琴，中国书法家协会第六届副主席，现为中国书法家协会顾问。

大家墨痕

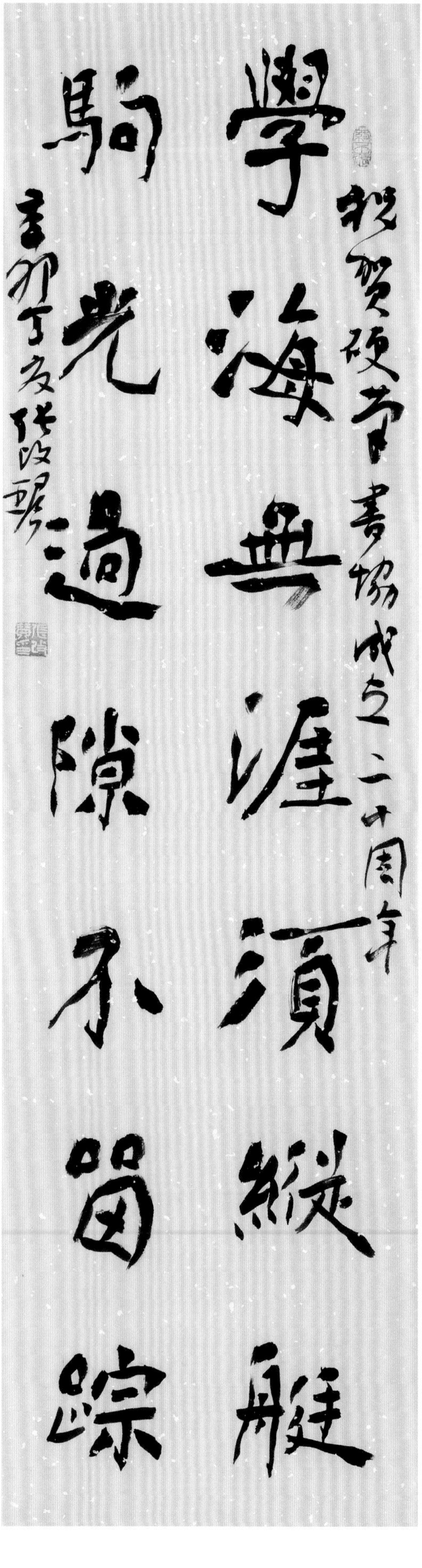

张改琴作品 学海驹光联

全国第四届硬笔书法家大书法作品国展优秀毛笔作品

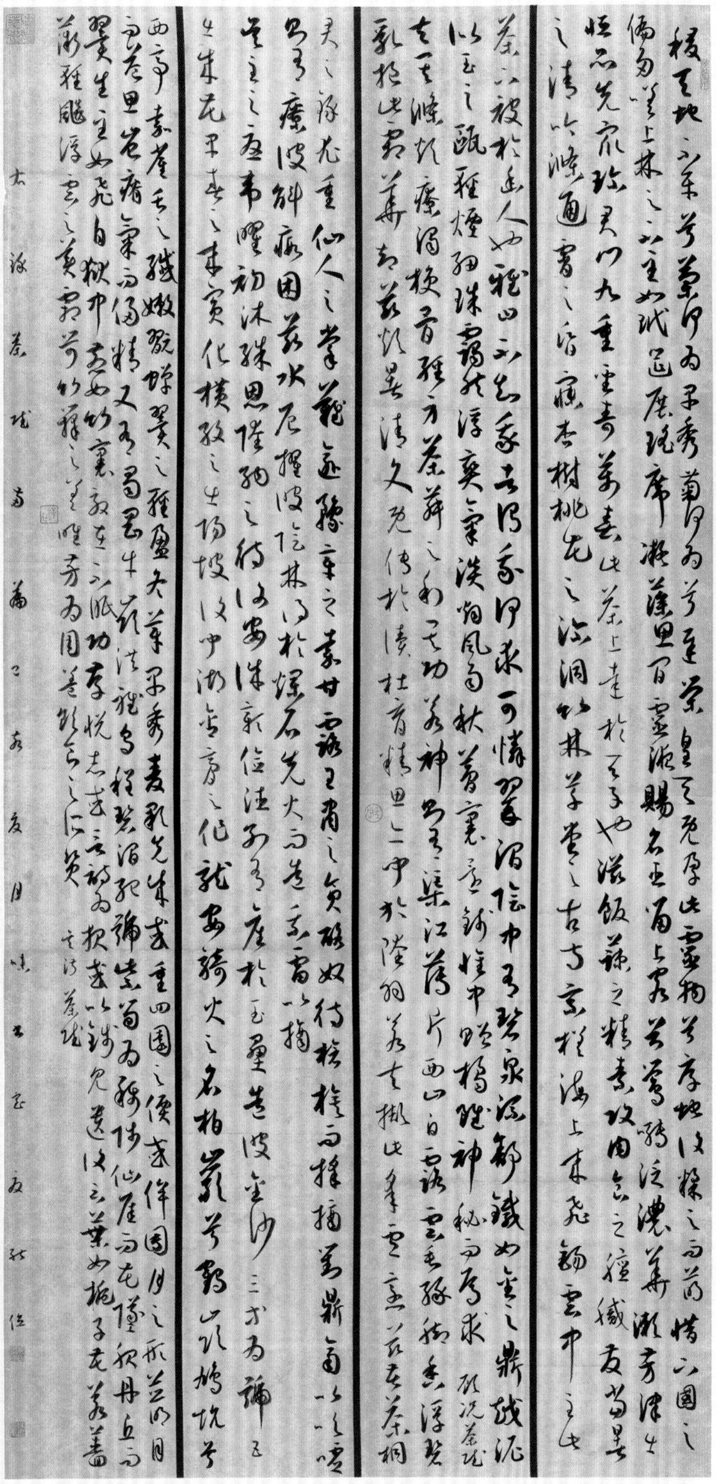

夏能位作品

杨树玉作品

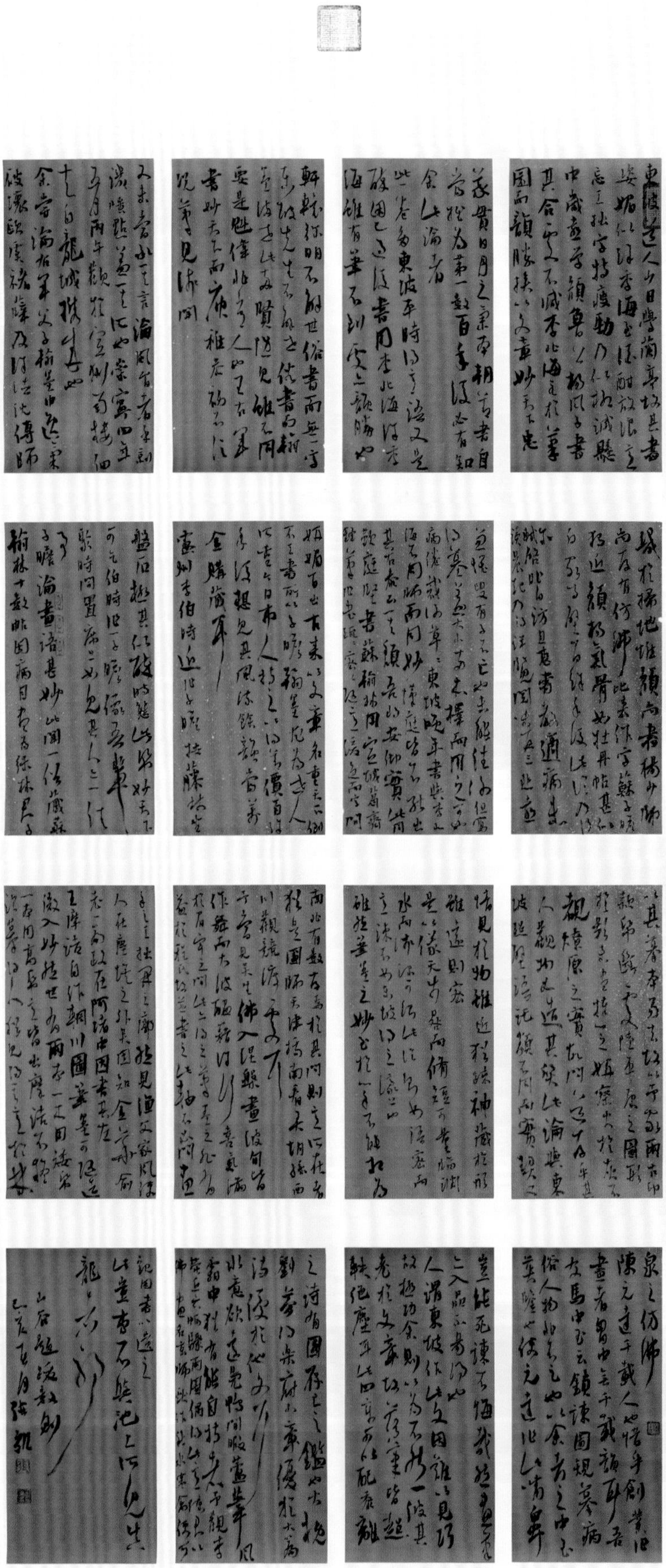

张凯作品

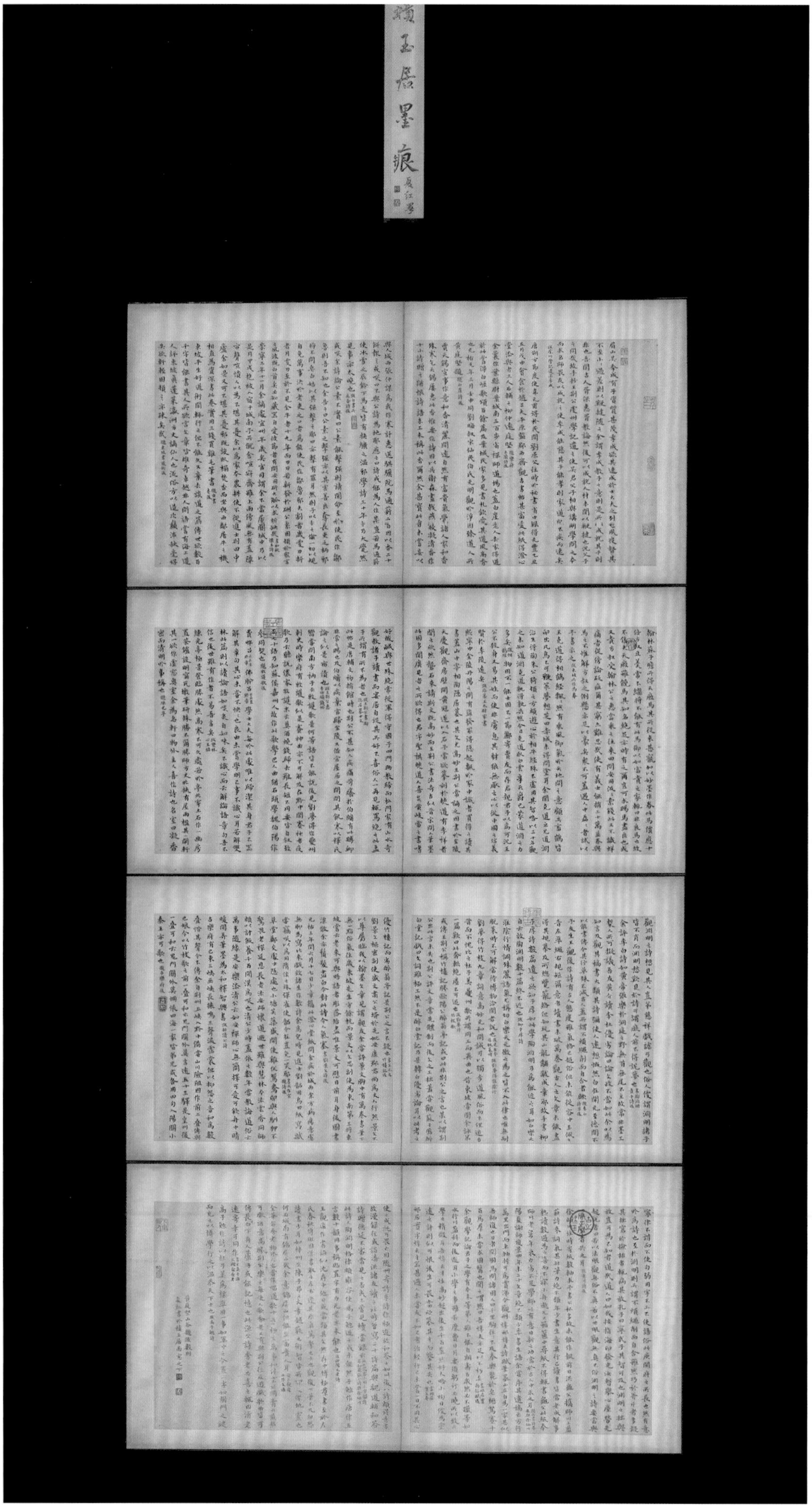

夏红作品

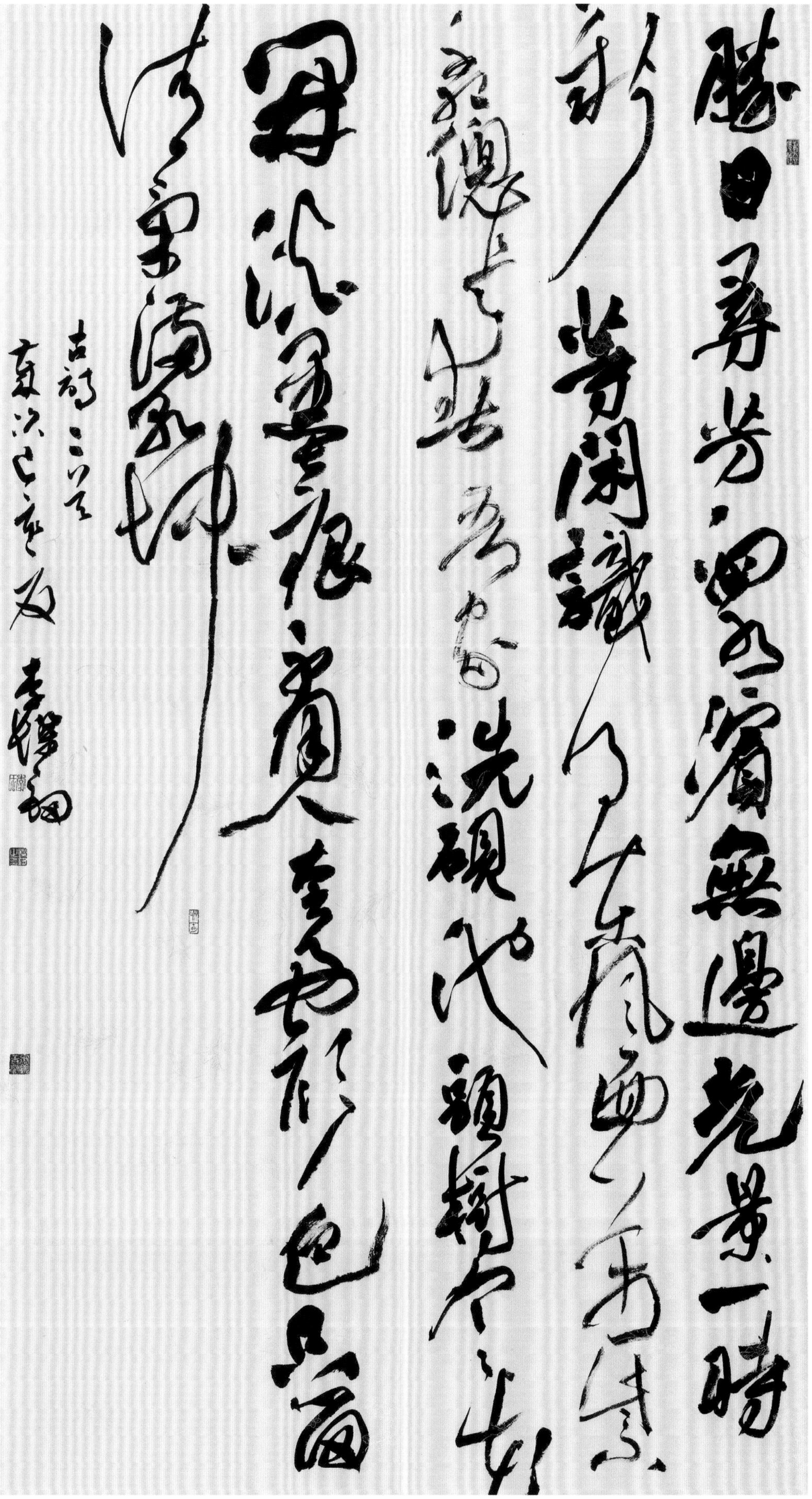

李灿钿作品

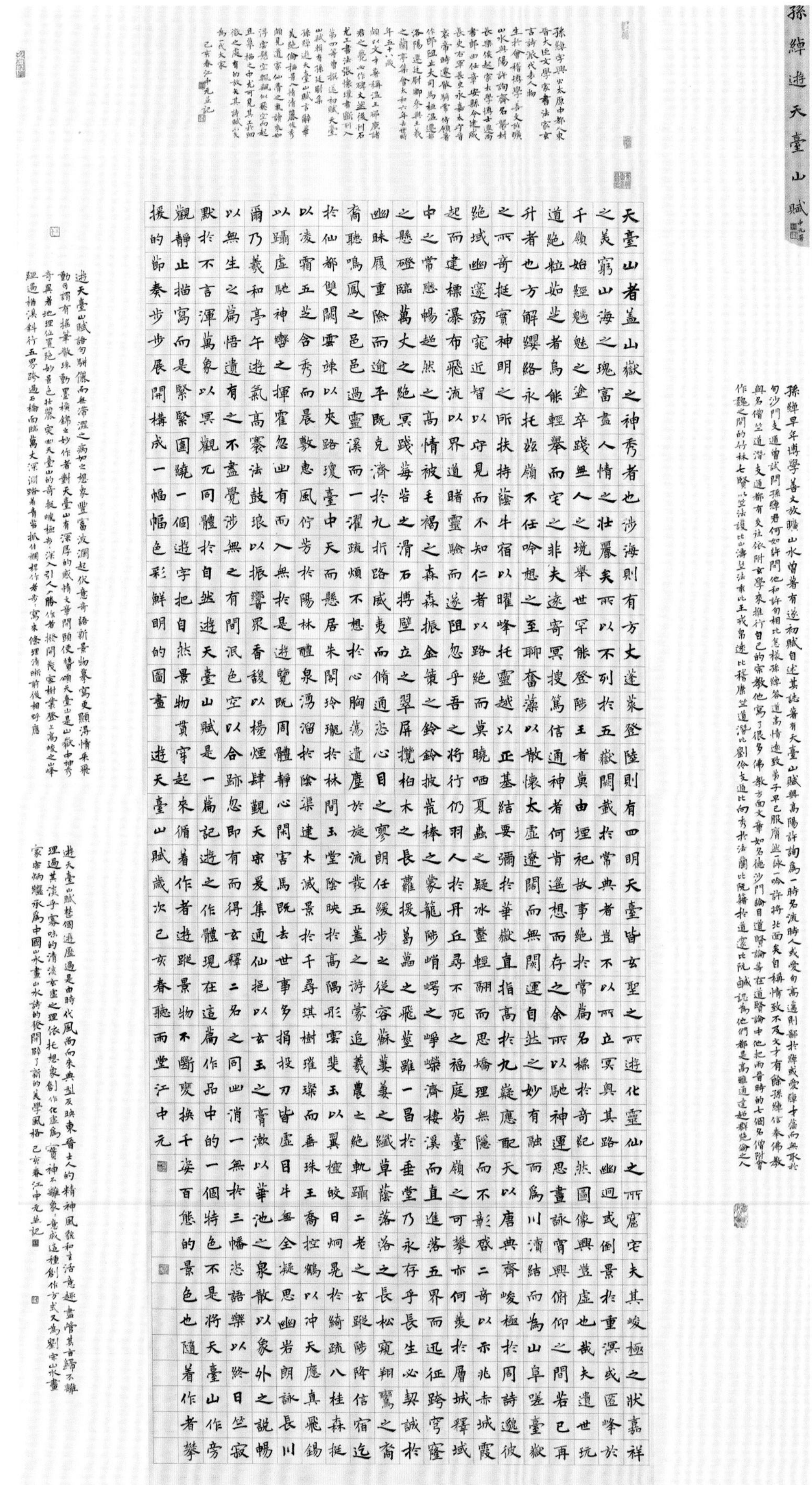
孫綽遊天臺山賦
天臺山者蓋山嶽之神秀者也涉海則有方丈蓬萊登陸則有四明天臺皆玄聖之所遊化靈仙之所窟宅夫其峻極之狀嘉祥
之美窮山海之瑰富盡人情之壯麗矣所以不列於五嶽闕載於常典者豈不以所立冥奧其路幽迴或倒景於重溟或匿峰於
千嶺始經魑魅之塗卒踐無人之境舉世罕能登陟王者莫由禋祀故事絕於常篇名標於奇紀然圖像興豈虛也哉夫遺世玩
道絕粒茹芝者烏能輕舉而宅之非夫遠寄冥搜篤信通神者何肯遙想而存之余所以馳神運思晝詠宵興俯仰之間若已再
升者也方解纓絡永托茲嶺不任吟想之至聊奮藻以散懷太虛遼闊而無閡運自然之妙有融而為川瀆結而為山阜嗟臺嶽
之所奇挺實神明之所扶持蔭牛宿以曜峰托靈越以正基結要彌於華嶽直指高於九嶷應配天以唐典齊峻極於周詩邈彼
絕域幽邃窈窕近智以守見而不知仁者以路絕而莫曉哂夏蟲之疑冰整輕翮而思矯理無隱而不彰啟二奇以亦兆赤城霞
起而建標瀑布飛流以界道睹靈驗而遂阻忽乎吾之將行仍羽人於丹丘尋不死之福庭苟臺嶺之可攀亦何羨於層城釋域
中之常戀暢超然之高情被毛褐之森森振金策之鈴鈴披荒榛之蒙籠陟峭崿之崢嶸濟樓溪而直進落五界而迅征跨穹窿
之懸磴臨萬丈之絕冥踐莓苔之滑石搏壁立之翠屏攬柏木之長蘿援葛藟之飛莖雖一昌於垂堂乃永存乎長生必契誠於
幽昧履重險而逾平既克濟於九折路威夷而脩通恣心目之寥朗任緩步之從容蘇萋萋之纖草蔭落落之長松窺翔鸞之裔
裔聽鳴鳳之邑邑過靈溪而一濯疏煩不想於心胸蕩遺塵於旋流發五蓋之游蒙追羲農之絕軌躡二老之玄蹤陟降信宿迄
於仙都雙闕雲竦以夾路瓊臺中天而懸居朱閣玲瓏於林間玉堂陰映於高隅彤雲斐玉以翼櫺皎日炯晃於綺疏八桂森挺
以凌霜五芝含秀而晨敷惠風佇芳於陽林醴泉湧溜於陰渠建木滅景於千尋琪樹璀璨而垂珠王喬控鶴以冲天應真飛錫
以躡虛馳神變之揮霍忽出有而入無於是遊覽既周體靜心閑害馬既去世事多捐投刃皆虛目牛無全凝思幽岩朗詠長川
爾乃羲和亭午遊氣高褰法鼓琅以振響衆香馥以揚煙肆覲天宗爰集通仙挹以玄玉之膏漱以華池之泉散以象外之說暢
以無生之篇悟遺有之不盡覺涉無之有間泯色空以合跡忽即有而得玄釋二名之同出消一無於三幡恣語樂以終日坐寂
默於不言渾萬象以冥觀兀同體於自然遊天臺山賦是一篇記遊之作體現在這篇作品中的一個特色不是將天臺山作旁
觀靜止描寫而是緊緊圍繞一個遊字把自然景物貫穿起來循着作者遊蹤景物不斷變換千姿百態的景色也隨着作者攀
援的節奏步步展開構成一幅幅色彩鮮明的圖畫
遊天臺山賦歲次己亥春聽雨堂江中元

江中元作品

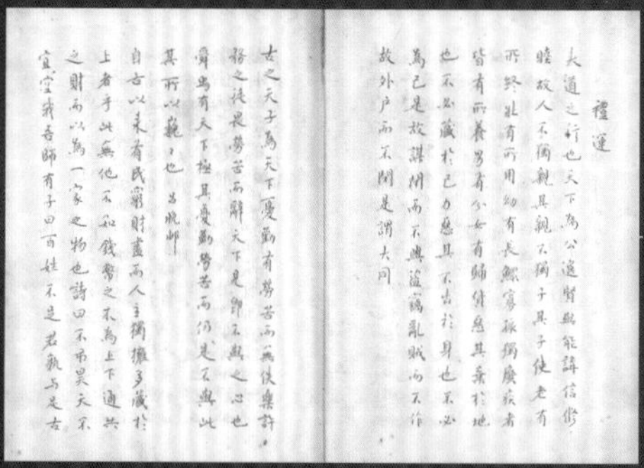

禮運

大道之行也天下為公選賢與能講信修
睦故人不獨親其親不獨子其子使老有
所終壯有所用幼有長鰥寡孤獨廢疾者
皆有所養男有分女有歸貨惡其棄於地
也不必藏於己力惡其不出於身也不必
為己是故謀閉而不興盜竊亂賊而不作
故外户而不閉是謂大同

古之天子為天下憂勤有勞苦而無佚樂者
務之後果勞苦而辭天下是即不與之心也
舜禹有天下極其憂勤勞苦而仍是不與此
其所以巍巍也 呂晚邨
自古以來有民窮財盡而人主獨擁多藏於
上者乎此無他不知錢幣之不為上下通共
之財而以為一家之物也詩曰不弔昊天不
宜空我吾師有子曰百姓不足君孰與足古

中國大書法

硬笔纵横

硬笔之书前程无限

硬笔·大家谈

刘乃中（1921–2015）

著名学者、书法家、篆刻家。别号汉宽，晚号古柳逸民，居室无门限斋，汉族。天津杨柳青人，幼承家学，1944 年毕业于北平辅仁大学国文系。学术书法师事启功，后又得王福庵指点篆刻。楷、篆并习，稍长习隶、行草书，并涉及商周以下甲骨、金石、瓦甓、封泥等。中国书法家协会会员、吉林省书法家协会名誉主席、吉林省文史研究馆馆长、西泠印社社员。吉林师范学院古籍研究所特聘研究员。

白蕉書鋼筆眞行草字範

白蕉（1907—1969），本姓何，名法治，又名馥，字远香，号旭如，后改名换姓为白蕉，别署云间居士、济庐复生、复翁、仇纸恩墨废寝忘食人等，上海金山区张堰镇人，书法家。

曾任上海中国画院筹委会委员兼秘书室副主任。近现代书法史上杰出的帖学大家，诗书画印兼擅的全能型艺术家，是20世纪帖学复兴运动的标志性人物。曾主编《人文月刊》，著有《云间谈艺录》《济庐诗词稿》《客去录》《书法十讲》《书法学习讲话》等。

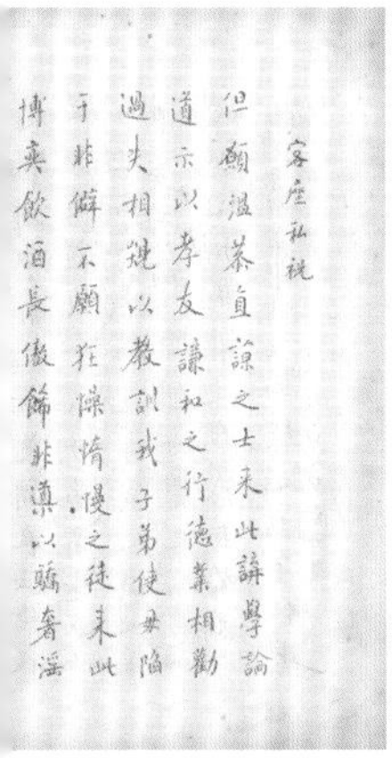

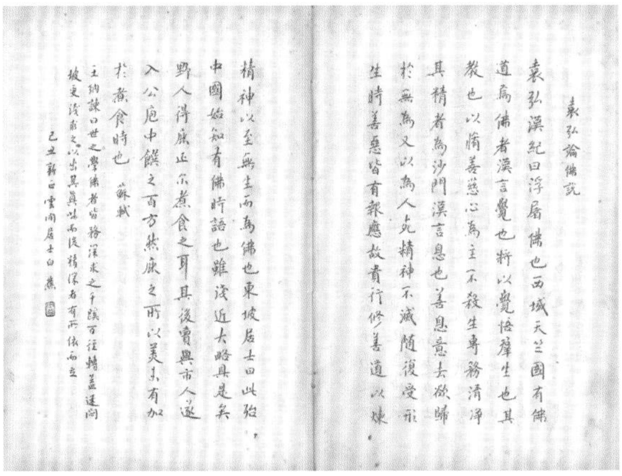

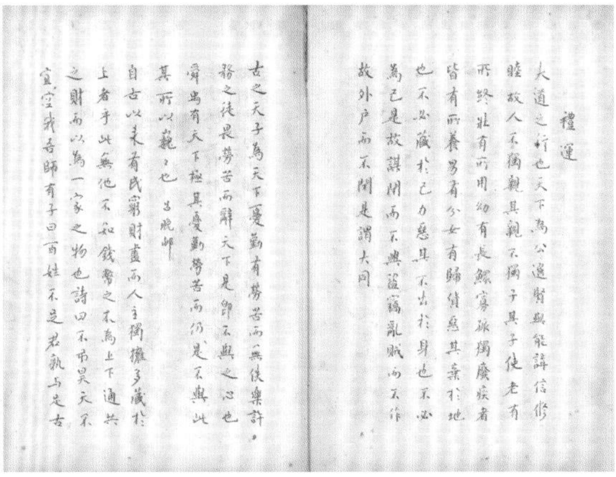
禮運

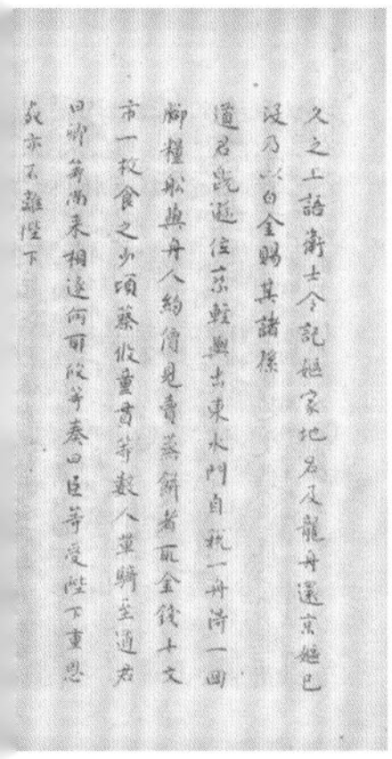

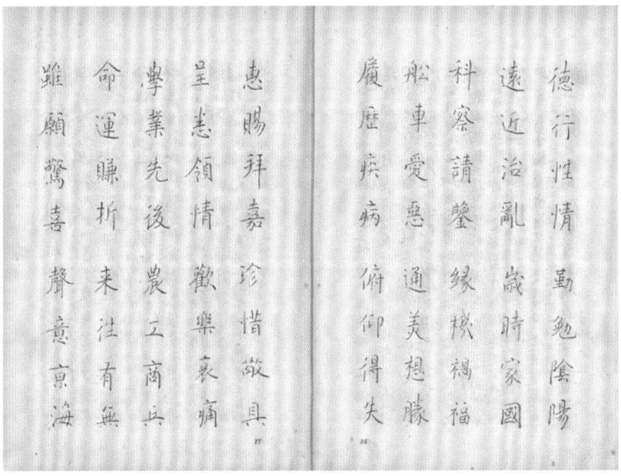
惠賜拜嘉珍惜敬具
呈恙領情歡樂哀痛
學業先後農工商兵
德行性情勤勉陰陽
遠近治亂歲時家國
履歷疾病俯仰得失

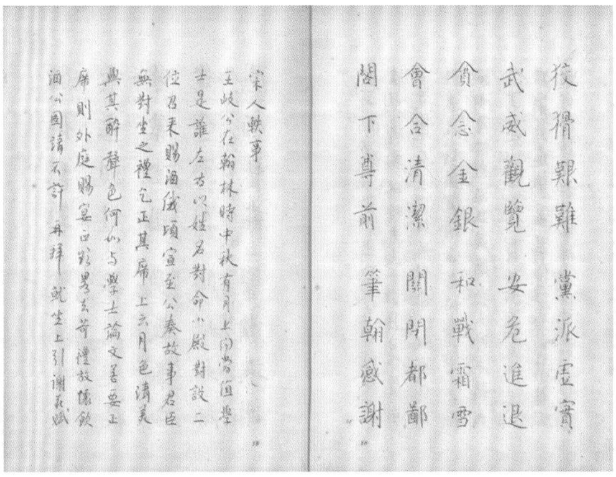
狡猾艱難黨派虛實
武威觀覽安危進退
貪念金銀和戰霜雪
會合清潔開閉都鄙
閣下尊前筆翰感謝

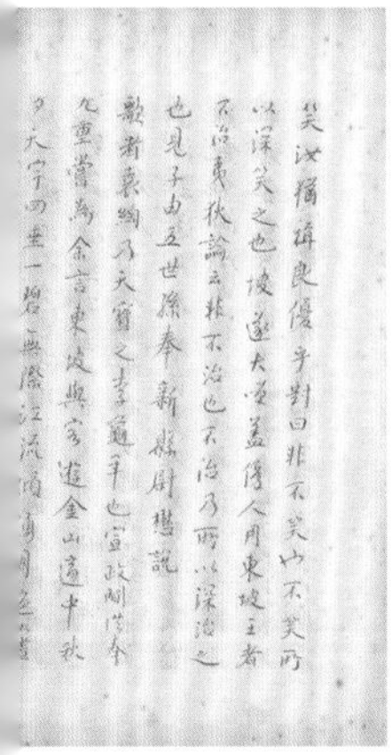

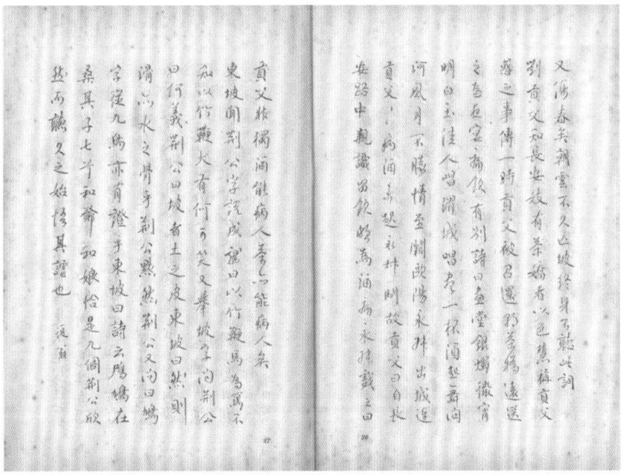

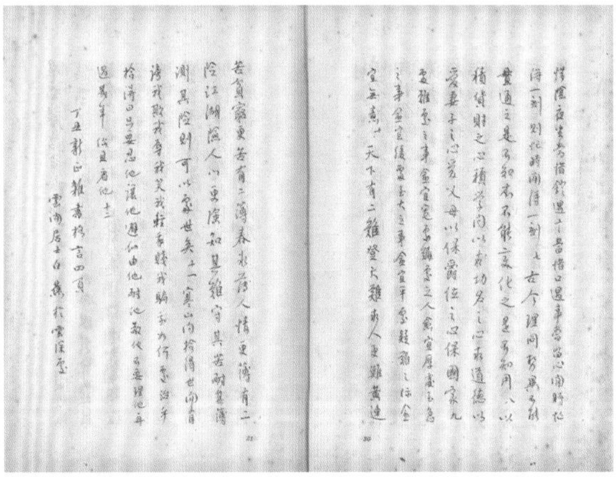

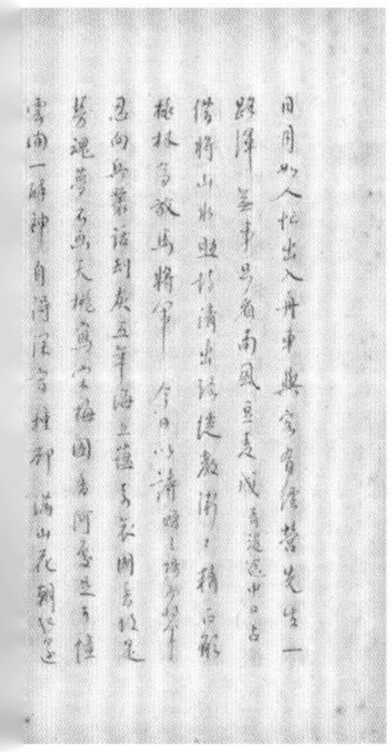

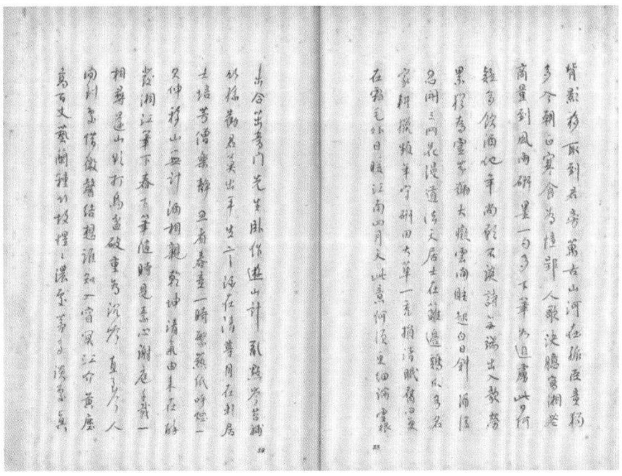

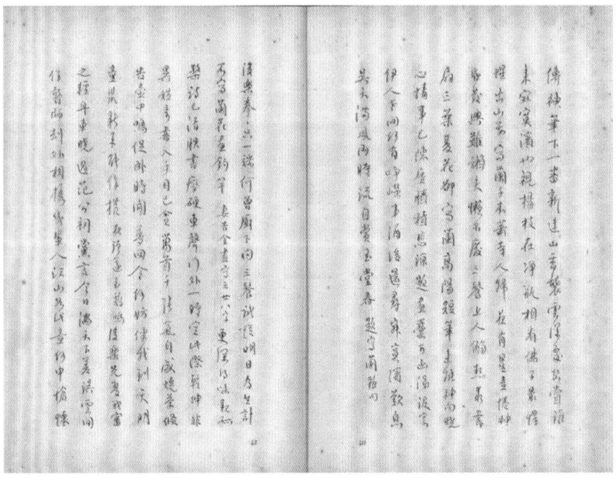

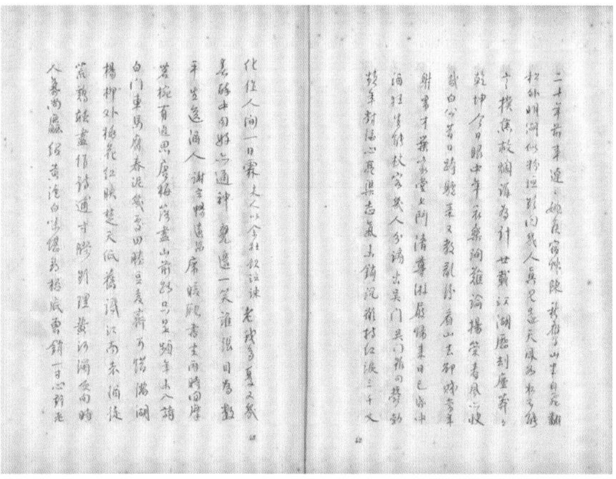

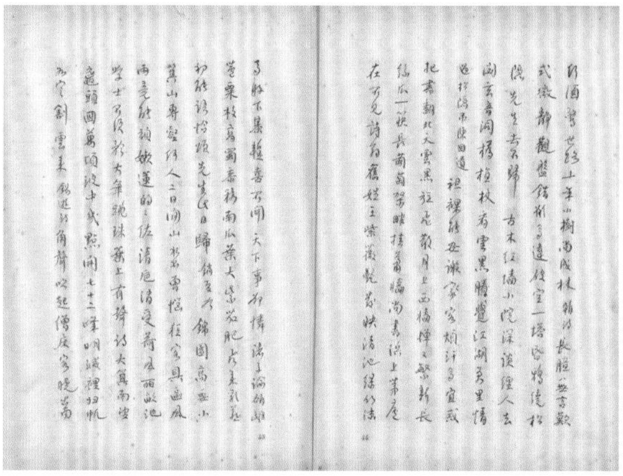

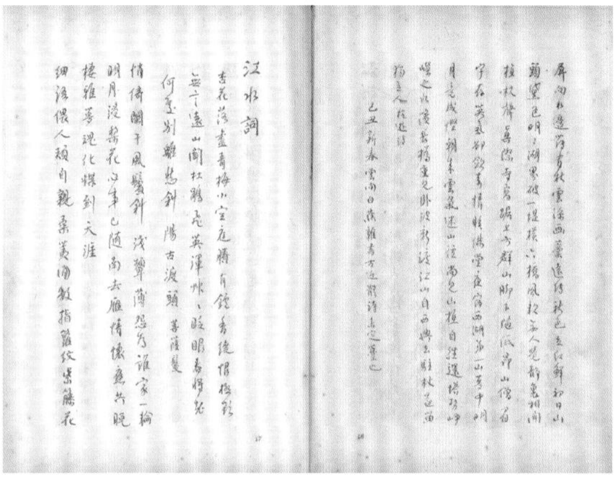

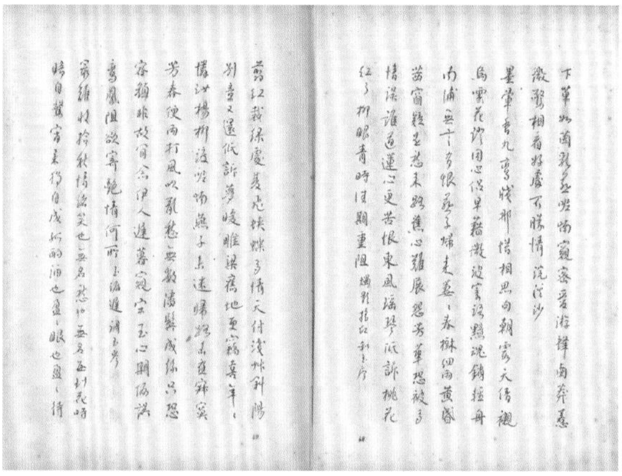

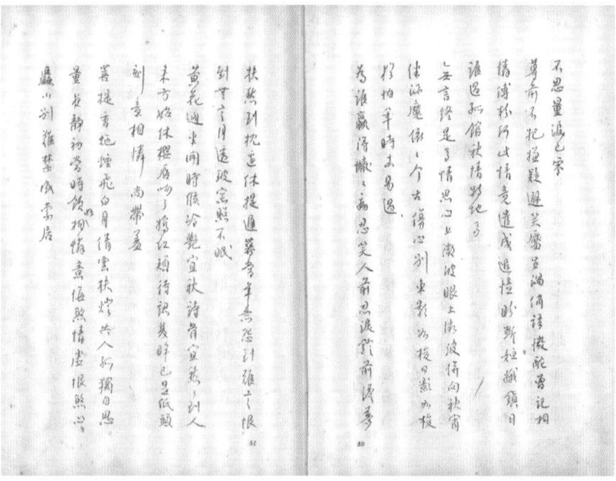

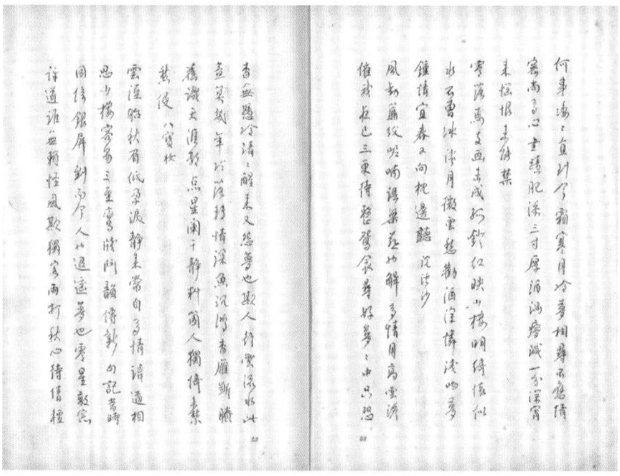

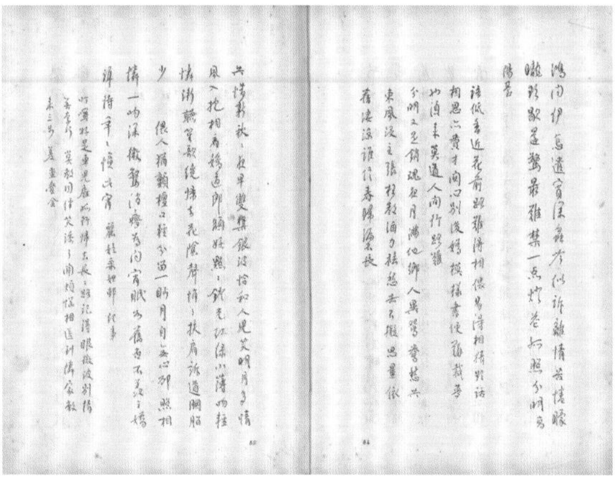

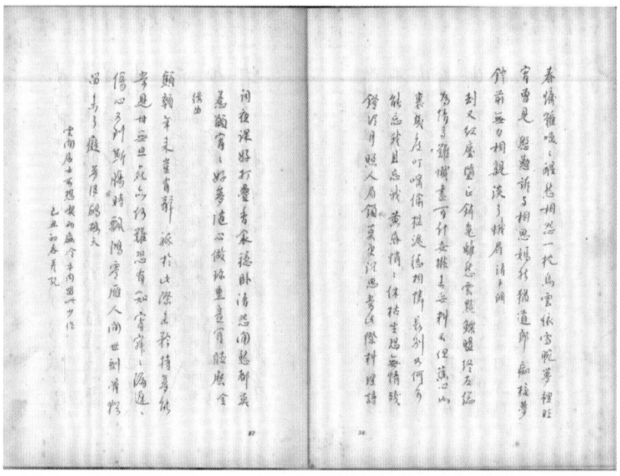

謀共執國王療其狂疾火艾針
药莫不畢具國主不任其苦於
是到泉所酌水飲之飲畢便狂
君臣大小其狂若一眾乃驩然
我既不狂難以獨立此亦欲試
飲此水

雲間居士白蕉試筆

2

神以感通心蘊口宣福生有兆禍
来有端情莫多妄口莫多言蟻孔
潰河溜穴傾山病從口入禍從口
出存亡之機開闔之術口與心謀
安危之源樞機之發榮辱存焉

傅玄口銘精理名論千古格言

復翁白蕉

3

袁弘論佛說

袁弘漢紀曰浮屠佛也西域天竺國有佛
道焉佛者漢言覺也將以覺悟群生也其
教也以脩善慈心為主不殺生專務清淨
其精者為沙門漢言息也蓋息意去欲歸
於無為又以為人死精神不滅隨復受形
生時善惡皆有報應故貴行修善道以煉

6

精神以至無生而為佛也東坡居士曰此殆
中國始知有佛時語也雖淺近大略具是矣
野人得鹿正爾煮食之耳其後賣與市人遂
入公庖中饌之百方然鹿之所以美未有加
於煮食時也　蘇軾

王納諫曰世之學佛者皆務深求之千蹊百徑轉益迷悶
坡更淺求之以出其真味而後精深者有所依而立

己丑新正雲間居士白蕉

7

狡猾艱難　黨派虛實
武威觀覽　安危進退
貪念金銀　和戰霜雪
會合清潔　關閉都鄙
閣下尊前　筆翰感謝

18

宋人軼事
王岐公在翰林時中秋有月上問當值學
士是誰左右以姓名對命小殿對設二
位召來賜酒俄頃宣至公奏故事君臣
無對坐之禮乞正其席上云月色清美
與其醉聲色何如與學士論文若要正
席則外庭賜宴正欲畧去苛禮放懷飲
酒公固請不許再拜就坐上引謝莊賦

19

德行性情　勤勉陰陽
遠近治亂　歲時家國
科察請鑒　緣椽禍福
船車愛惡　通美想勝
履歷疾病　俯仰得失

16

惠賜拜嘉　珍惜敬具
呈恙領情　歡樂哀痛
學業先後　農工商兵
命運賺折　来往有無
雖願驚喜　聲意京海

17

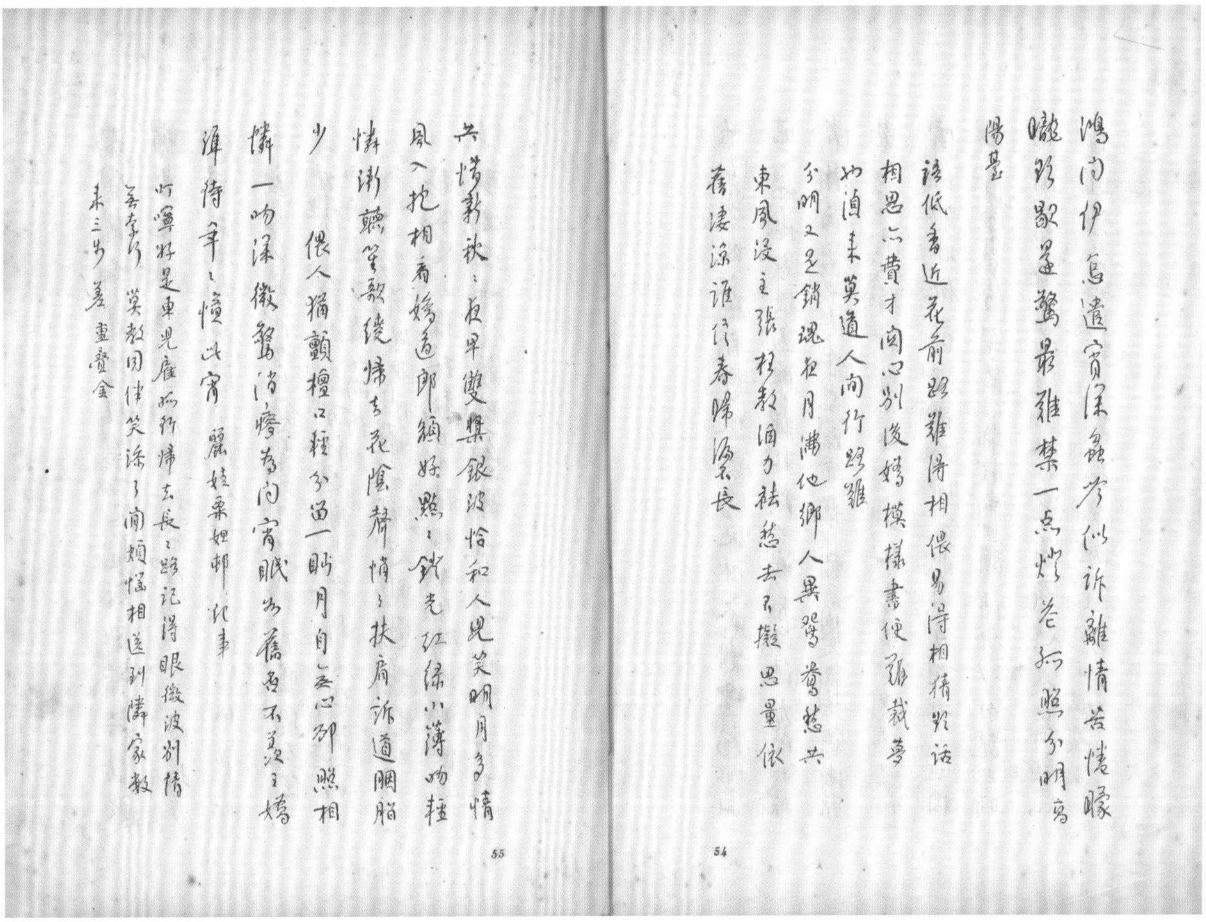
鴻雁伊誰遣寄深無方似訴離情苦憶曚
曨路歌笙鶯最雅禁一點燈花知照分明處
陽臺
語低香近花前路難得相偎易得相猜路話
相思亦費才內心別後嬌模樣書使難裁夢
如酒未莫道人向行路難
分明又是銷魂夜月滿他鄉人異鄉鶯愁共
東風沒主張杯教酒力祛愁去不擬思量依
舊淒涼誰伴春歸添長
54

共賞新秋秋夜早雙棲銀波恰和人兒笑明月多情
風入袍相看嬌道郎顏好點點鉛光紅綠小薄吻輕
憐謝聽笙歌繞拂去花陰靜情情扶肩訴道胭脂
少 偎人猶顫檀口輕分留一眼月自無心卻照相
憐一吻深微聲消瘦為問宵眠為舊否不知不嬌
羞待年年憶此宵 麗娃乘妲鄲紀事
竹寧好是東兒雇孤行拂去長長路記得眼微波別情
莫李行 莫教同伴笑除了間煩惱相送到儂家教
未三步 羞畫疊金
55

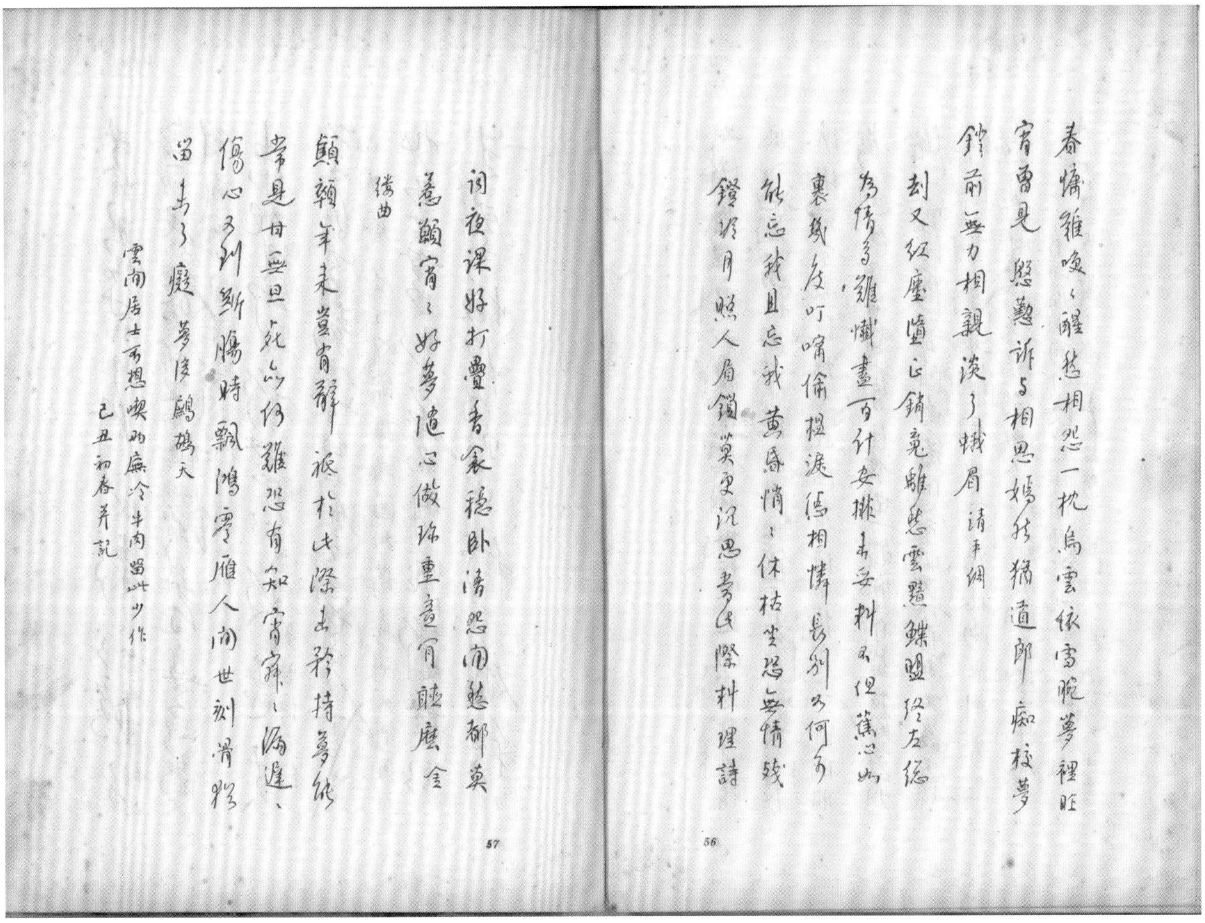
春情難喚喚醒愁相怨一枕烏雲依雪腕夢裡昨
宵曾見懇懃訴訴相思嬌猶猶道郎癡枝夢
鐙前無力相親淡了蛾眉 清平調
刬又紅塵墮正銷魂離愁雲黯鰈盟終左總
為情多難懺盡百計安排未妥料不但蕉心如
裏絲反叮嚀偷掐淚低相憐長別不何分
能忘我且忘我黃昏情情休枯坐恐無情殘
鐙照月照人眉鎖莫更沉思夢後際料理詩
56

詞夜課好打疊香衾穩卧清怨向慈都莫
慈顛宵宵好夢隨心做珠重意有甜麼 全
傳曲
顛顛年來豈肯辭祇於此際去矜持夢能
常是甘無且死亦終難恐有知宵寐寐漏遲、
傷心多到斷腸時飄鴻寒雁人間世刻骨粉
留去了癡 夢後鷓鴣天
雲南居士方想噢雨廉冷斗內留此少作
己丑初春并記
57

林逋隱居孤山常畜兩鶴縱之則飛入雲霄盤旋久之復入籠內逋常泛小艇遊西湖諸寺有客至則一童子出應門延客坐為開籠放鶴良久逋必棹小舟返蓋常以鶴飛為驗也逋常謂人曰世間事皆能為之獨不能擔糞與著棋

民紀三十八年二月雲間白蕉於海上雲深處

時民生方弥月也

11

人其知之矣　顧亭林

一國之人遵守民約而外無可遵守之
事崇奉公論而外無可崇奉之人在位
者應得之權利即以其於人民所應盡
之義務為準　盧騷

欲斡天下之事當思如何下手如何收煞事成
如何結果不成落何名目死生雖不計畢竟果
不徒死否　楊繼盛

10

全国第四届硬笔书法家大书法作品国展优秀硬笔小品、手卷册页作品

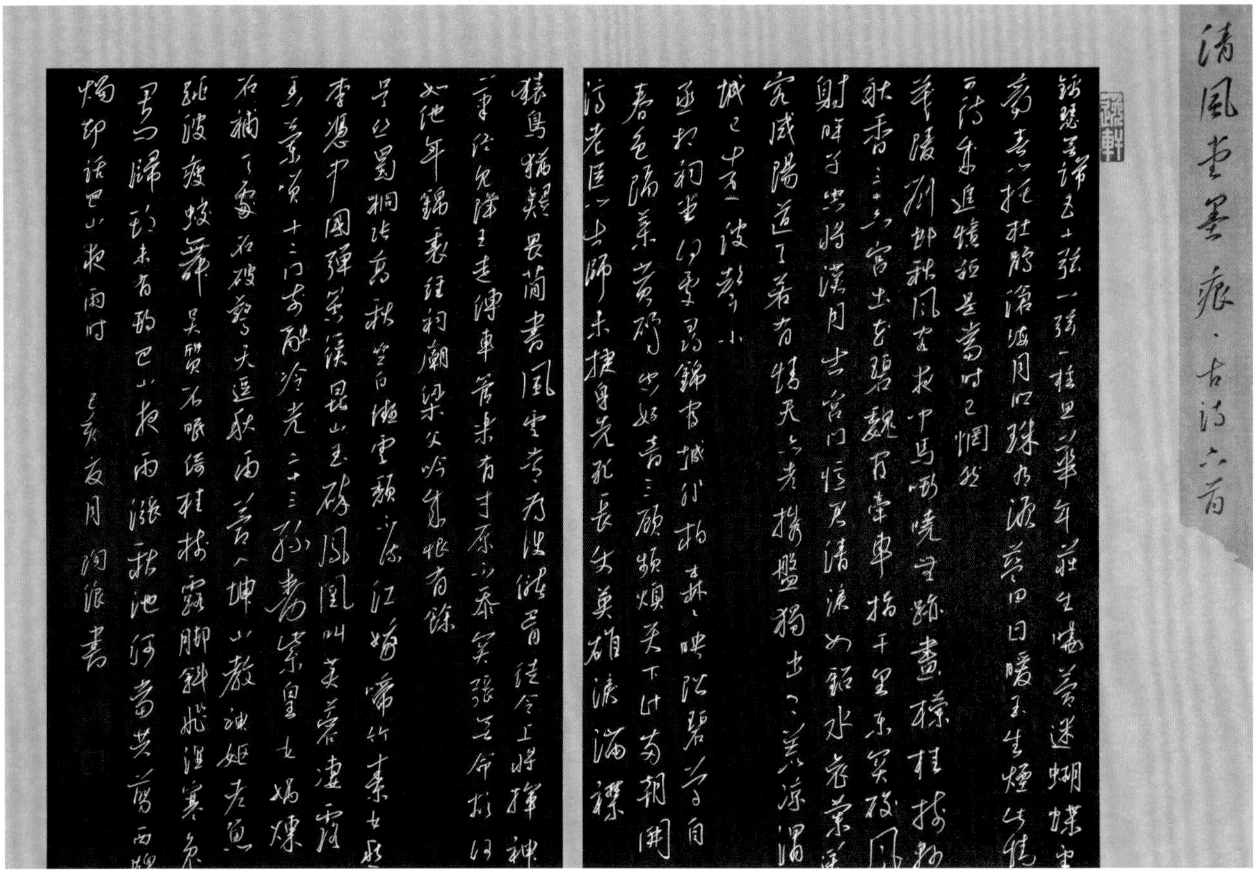

陶浪作品

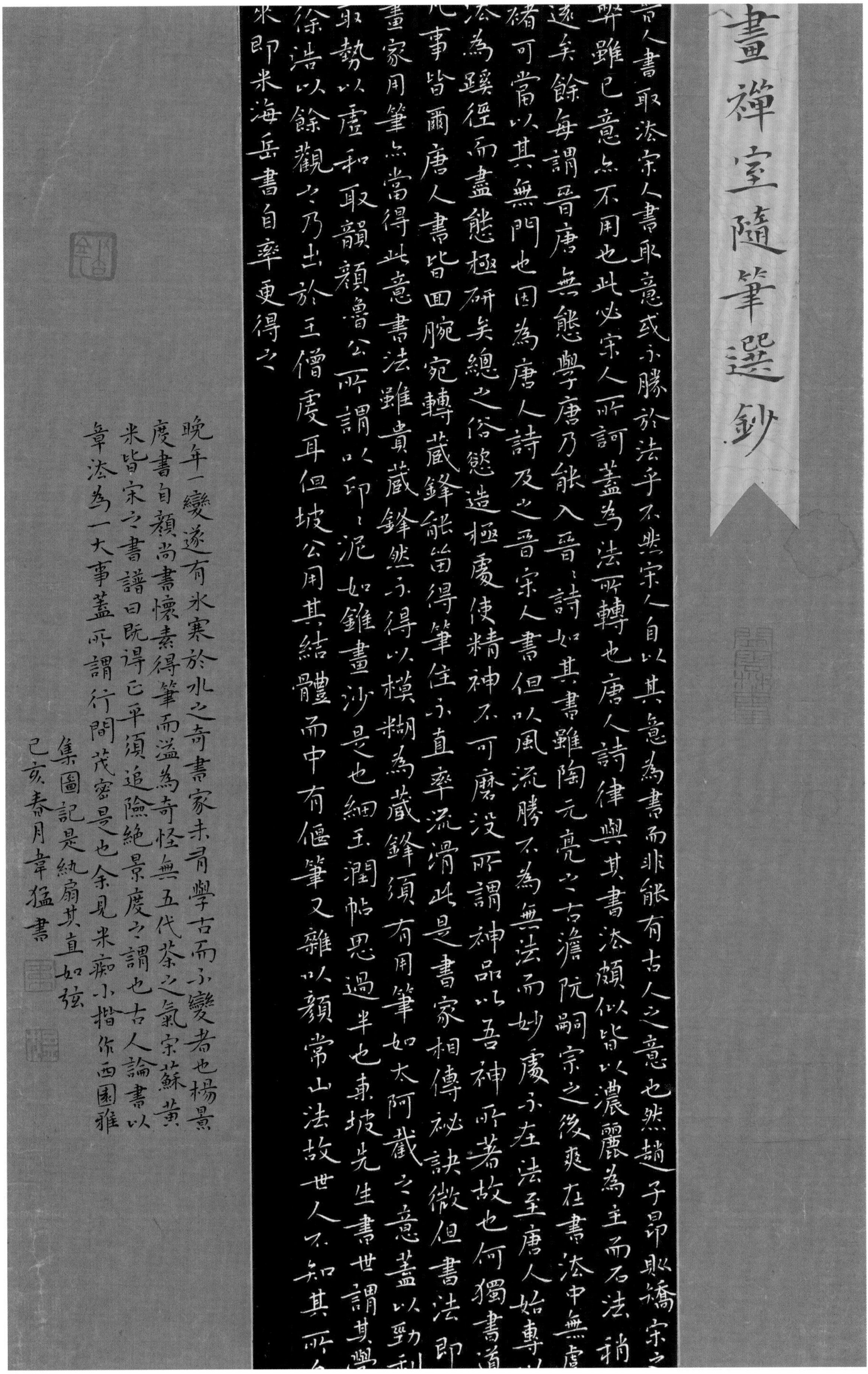
畫禪室隨筆選鈔
晉人書取法宋人書取意或不勝於法乎不然宋人自以其意為書而非能有古人之意也然趙子昂矯宋之
弊雖己意亦不用也此必宋人所訶蓋為法所轉也唐人詩律與其書法頗似皆以濃麗為主而古法稍
遠矣餘每謂晉唐無態學唐乃能入晉晉詩如其書雖陶元亮之古澹阮嗣宗之後爽在書法中無虛
緒可當以其無門也因為唐人詩及之晉宋人書但以風流勝不為無法而妙處不在法至唐人始專以
法為蹊徑而盡態極研矣總之俗態造極處使精神不可磨沒所謂神品以吾神所著故也何獨書道
凡事皆爾唐人書皆回腕宛轉藏鋒能留得筆住不直率流滑此是書家相傳秘訣微但書法即
畫家用筆亦當得此意書法雖貴藏鋒然不得以模糊為藏鋒須有用筆如太阿截之意蓋以勁利
取勢以虛和取韻顏魯公所謂以印印泥如錐畫沙是也細玉潤帖思過半也東坡先生書世謂其學
徐浩以餘觀之乃出於王僧虔耳但坡公用其結體而中有偃筆又雜以顏常山法故世人不知其所自
來即米海岳書自率更得之
晚年一變遂有冰寒於水之奇書家未有學古而不變者也楊景
度書自顏尚書懷素得筆而溢為奇怪無五代苶之氣宋蘇黃
米皆宋之書譜曰既得巳平須追險絕景度之謂也古人論書以
章法為一大事蓋所謂行間茂密是也余見米痴小楷作西園雅
集圖記是紈扇其直如弦
己亥春月韋猛書

韦猛作品

仇康作品

不觉不知，勤苦修行，幻力成就。由此四相，伏我诸根，为涅槃相。以此成佛，／无有是处。此二菩萨，皆是正见。乃知佛语，非寓非实。今汝若能为流水／长者，以大
愿力，象取无碍法水，以救汝流浪渴涸之鱼，又能观诸世间，／虽甚可爱，而虚幻无实，终非我有者，汝即舍离。如萨埵王子舍身，虽／甚可恶，而业所驱迫，深可怜悯
者，汝即布施。如萨埵王子施虎，行此舍施，／如饥就食，如渴求饮，则道可得，佛可成，母可拔也。过再拜稽首，愿书其末。／绍圣二年八月一日 ◎《书金光明经后》
永禅师书，骨气深稳，体兼众妙，精能之至，反造疏淡。／如观陶彭泽诗，初若散缓不收，反覆不已，乃识其奇趣。今法贴中有云

仇康作品局部

古人書論數則

朱盛新作品

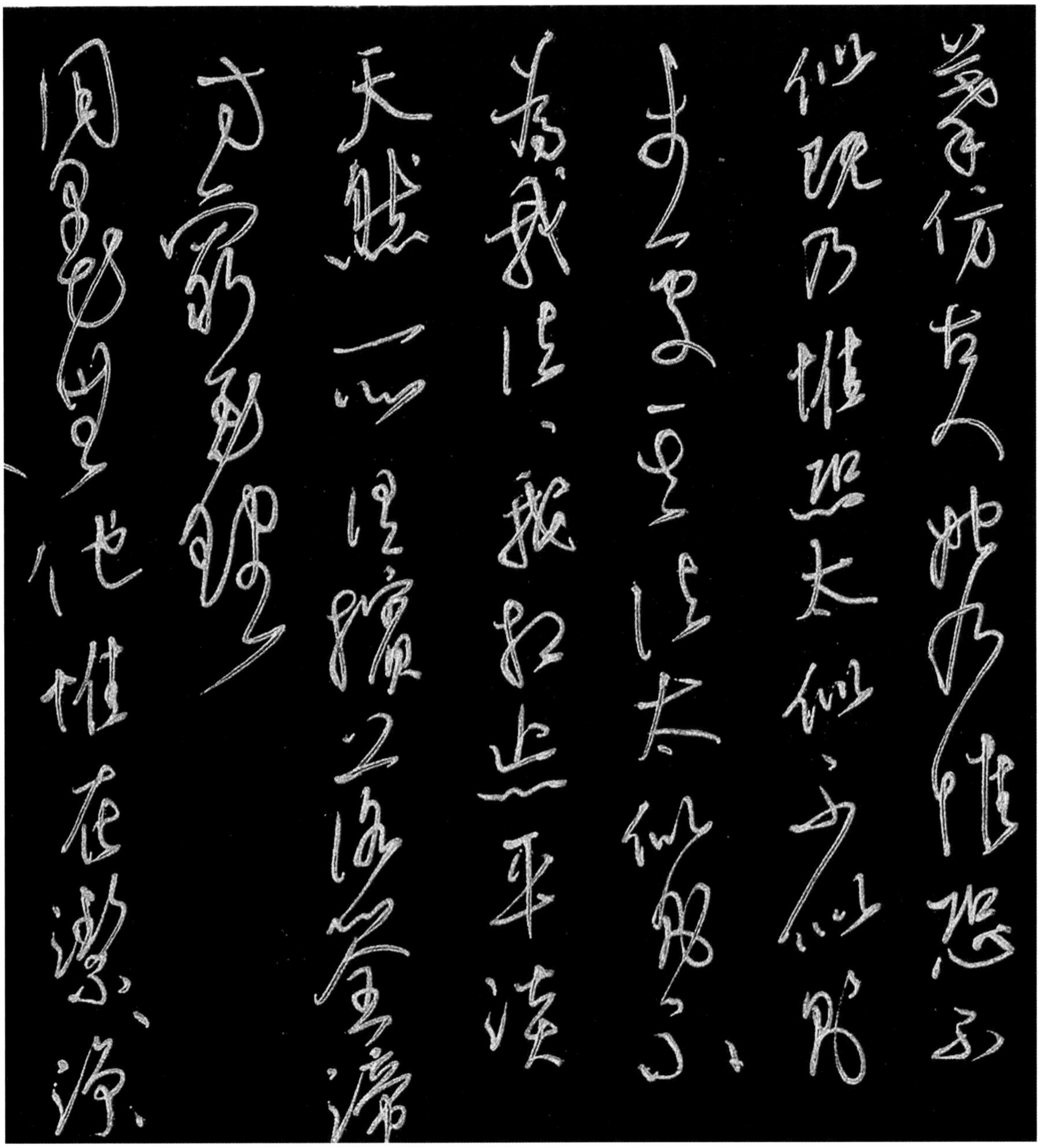

朱盛新作品局部

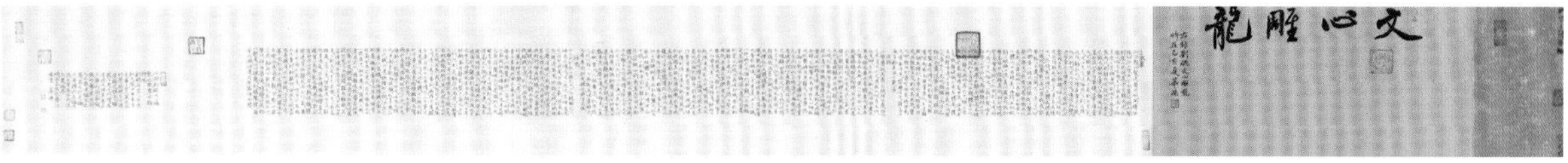
文心雕龍

华杰作品

餙羽而畫徒事華辭雖欲
訾聖弗可得已然則聖文之雅
麗固銜華而佩實者也天道難
聞猶或鑽仰文章可見胡寧勿
思若徵聖立言則文其庶矣贊
曰妙極生知睿哲惟宰精理為
文秀氣成采鑒懸日月辭富山
海百齡影徂千載心在
宗經
三極彝訓其書言經經也者恒久
之至道不刊之鴻教也故象天地
效鬼神參物序制人紀洞性靈之
奧區極文章之骨髓者也皇世
三墳帝世五典重以八索申以九丘
歲歷綿曖條流紛糅自夫子刪述
而大寶咸耀於是易張十翼書
標七觀詩列四始禮正五經春秋
五例義既極乎性情辭亦匠於
文理故能開學養正昭明有融
然而道心惟微聖謨卓絕牆宇

华杰作品局部

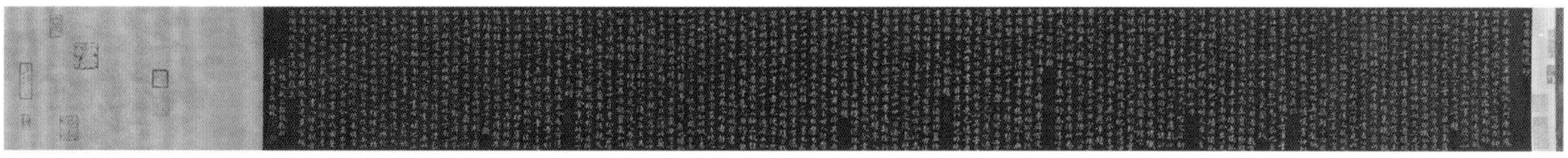

刘振林作品

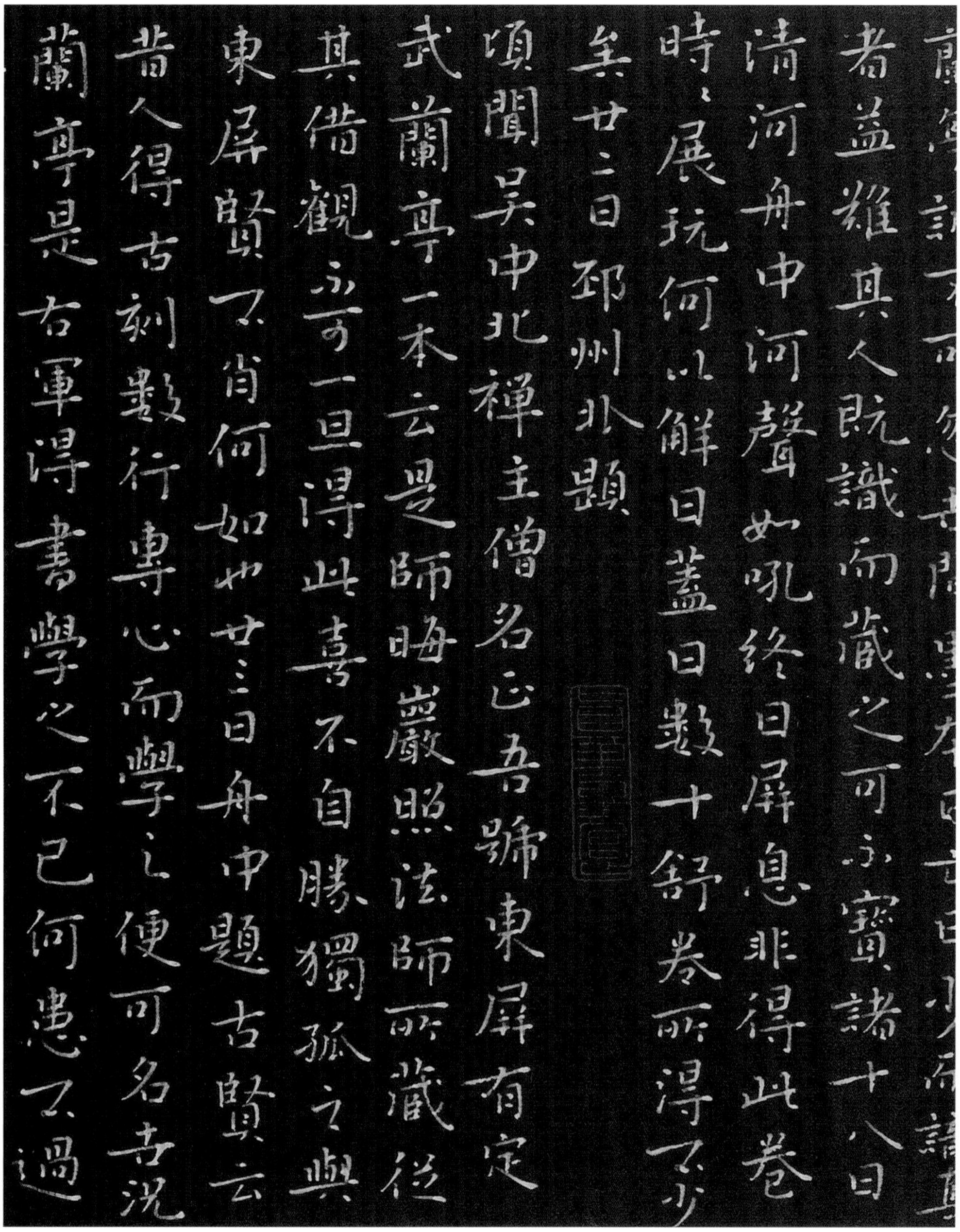
者益雖其人既識而藏之可亦寶諸十八日
清河舟中河聲如吼終日屏息非得此卷
時時展玩何以解日蓋日數十舒卷所得不少
矣廿三日邳州北題
頃聞吳中北禪主僧名正吾號東屏有定
武蘭亭一本云是師晦巖照法師所藏從
其借觀亦寄一旦得此喜不自勝獨孤之與
東屏賢不肖何如也廿三日舟中題古賢云
昔人得古刻數行專心而學之便可名世況
蘭亭是右軍得書學之不已何患不過

刘振林作品局部

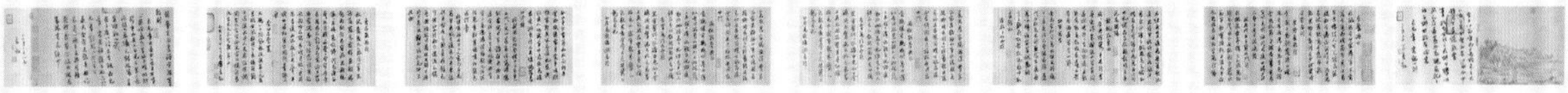

秦剑作品

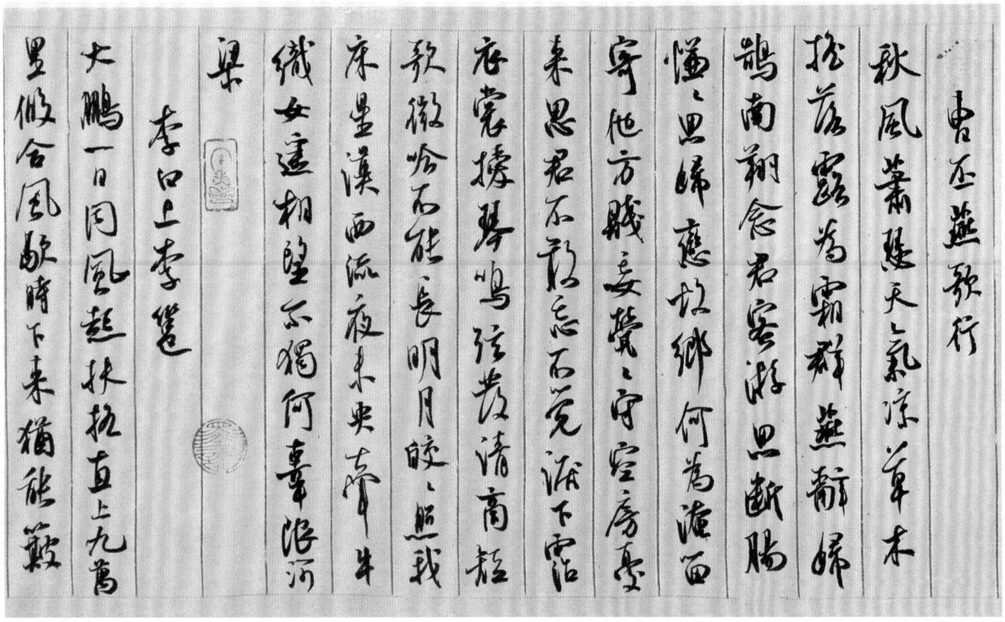

秦剑作品局部

黄厚桦作品

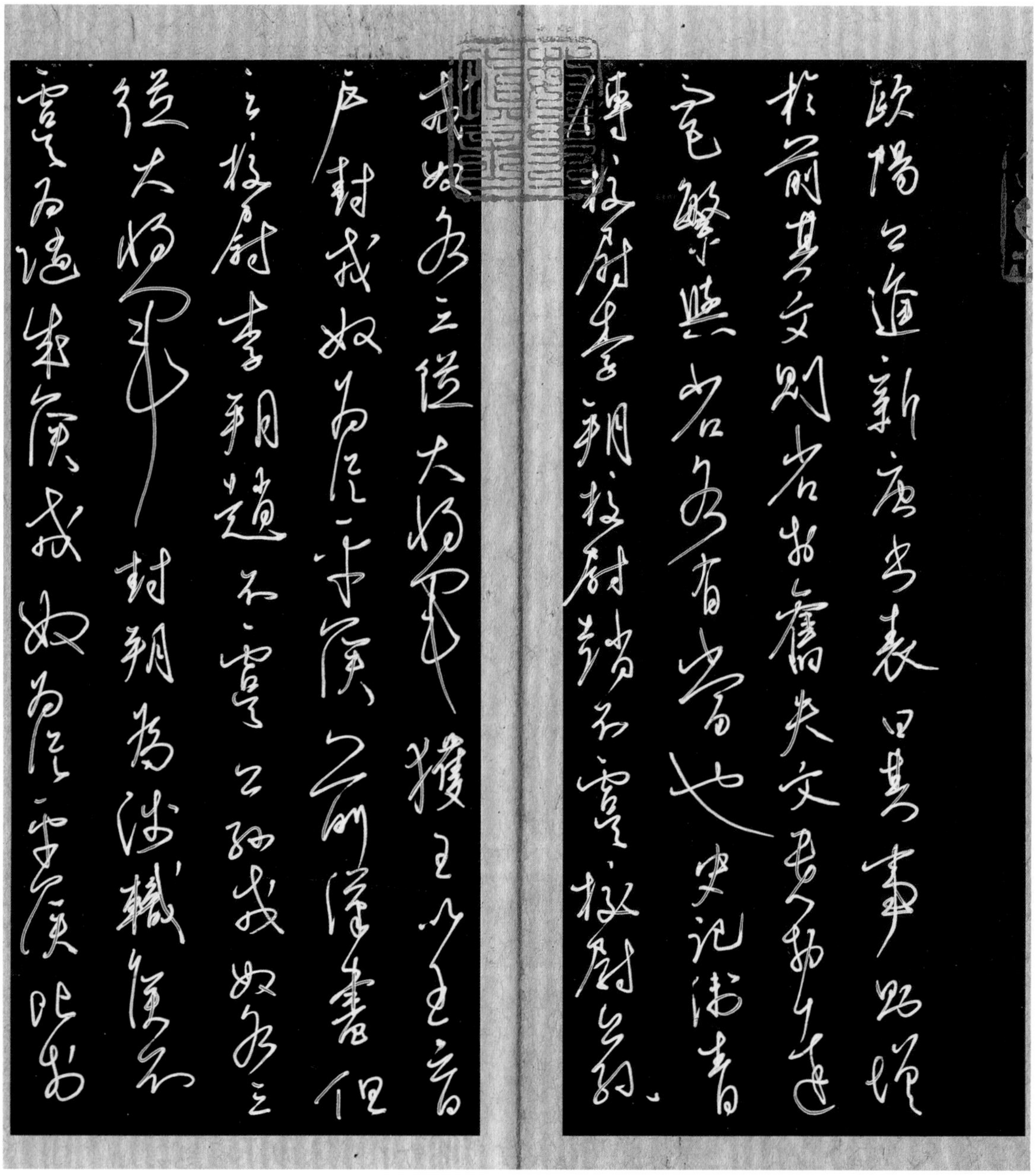

黄厚桦作品局部

中國大書法

篆刻品题

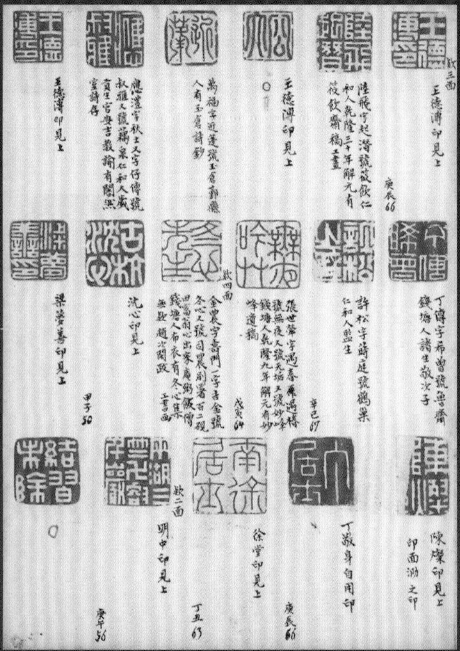

丁鹤庐研究会

《丁鹤庐西泠印社八家印存稿》（一）

丁仁（一八七九－一九四九），原名仁友，字子修，一字辅之，号鹤庐，又号簋叟，浙江杭州人，西泠印社四位创始人之一。

丁鹤庐研究会会长丁如霞女士将其祖父丁辅之公集丁氏三代人收藏西泠八家印章五百余方精拓成册，并近万字蝇头小楷注释的《西泠八家印存》的底稿，印刷出版了《丁鹤庐西泠八家印存稿》。经丁如霞女士授权在《中国大书法》连载刊发。

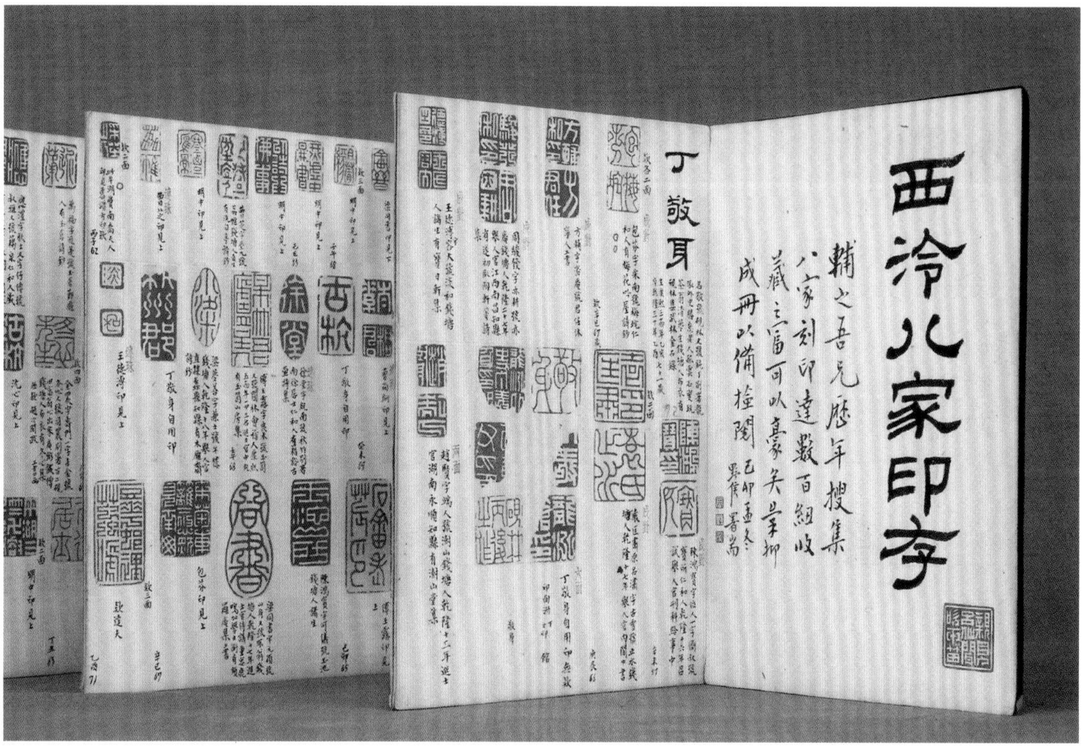
西泠八家印存
丁敬身

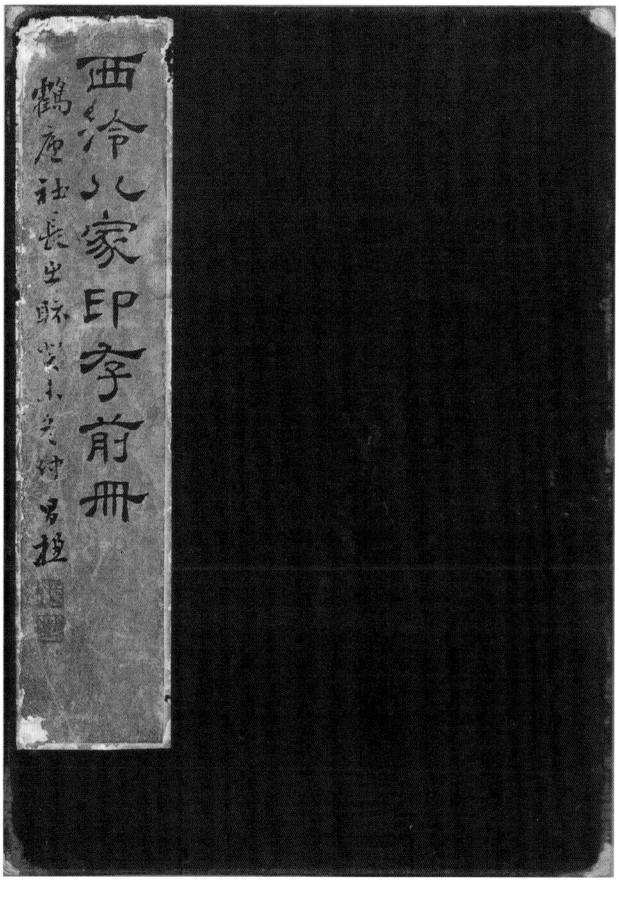
西泠八家印存前册

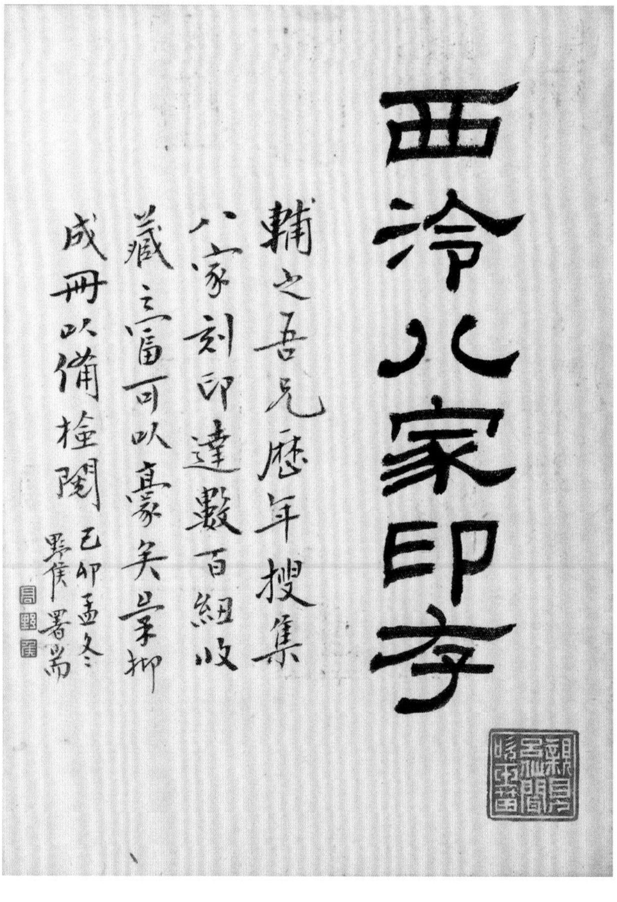
西泠八家印存
辑之吾兄历年搜集八家刻印达数百纽收藏之富可以豪矣爰辑成册以備检阅
己卯孟冬

丁敬身

名敬號硯林又號鈍丁別署龍
泓外史勝怠老人孤雲石叟玩
茶翁羽清夢生錢塘人布衣有
硯林集武林金石錄

生康熙三十四年乙亥
卒乾隆三十年乙酉 七十一歲

成對
陳鴻寶字位人一字儀叔號
寶所仁和人乾隆十六年召
試舉人官刑科給事中

辛未57

款二面

成對
袁匡肅原名潚字古雪號止水錢
塘人乾隆十七年舉人官內閣中書

庚辰66

款各二面

成對
包芬字采南號梅垞仁
和人有梅花吟屋詩鈔

款辛巳67歲

成對
方輔字密庵號君任休
寧人工書

成對
周駿發字亦耕號亦
庵錢塘人乾隆二十七年
舉人官江西南昌知縣
有遂初臥陶軒等詩
集

成對
王德溥字容大號淡和錢塘
人諸生有寶日軒集

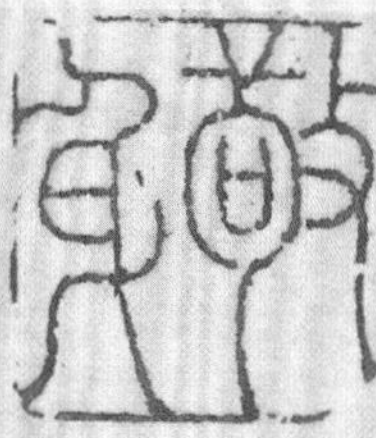

六面
丁敬身自用印無款

印面刓之印 丁 館

敬身

兩面
趙賢字端人號澍山錢塘人乾隆十三年進士
官湖南永順知縣有澍山堂集

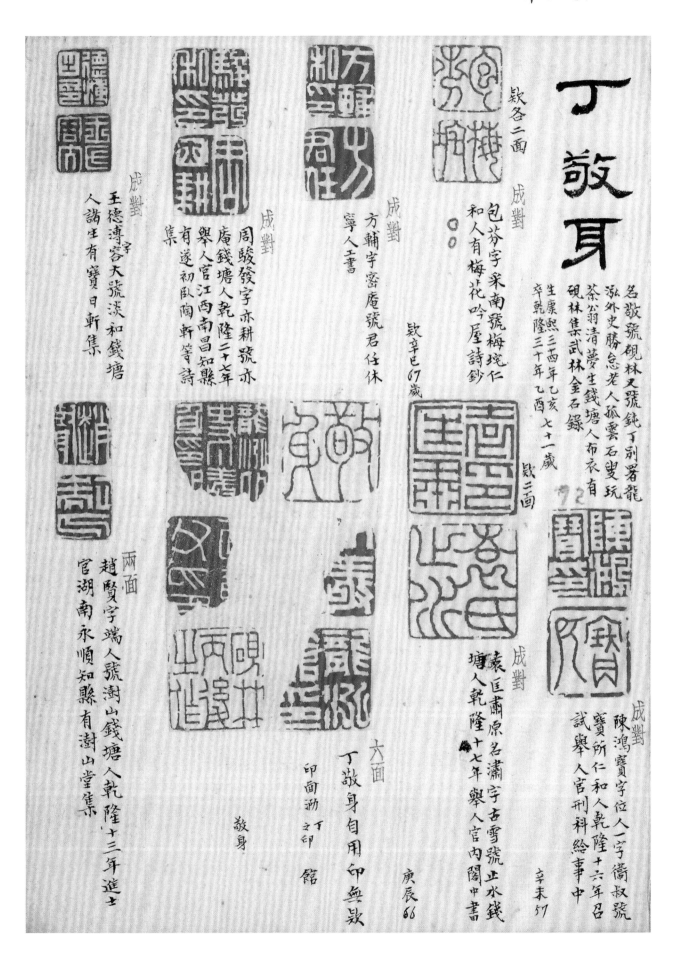

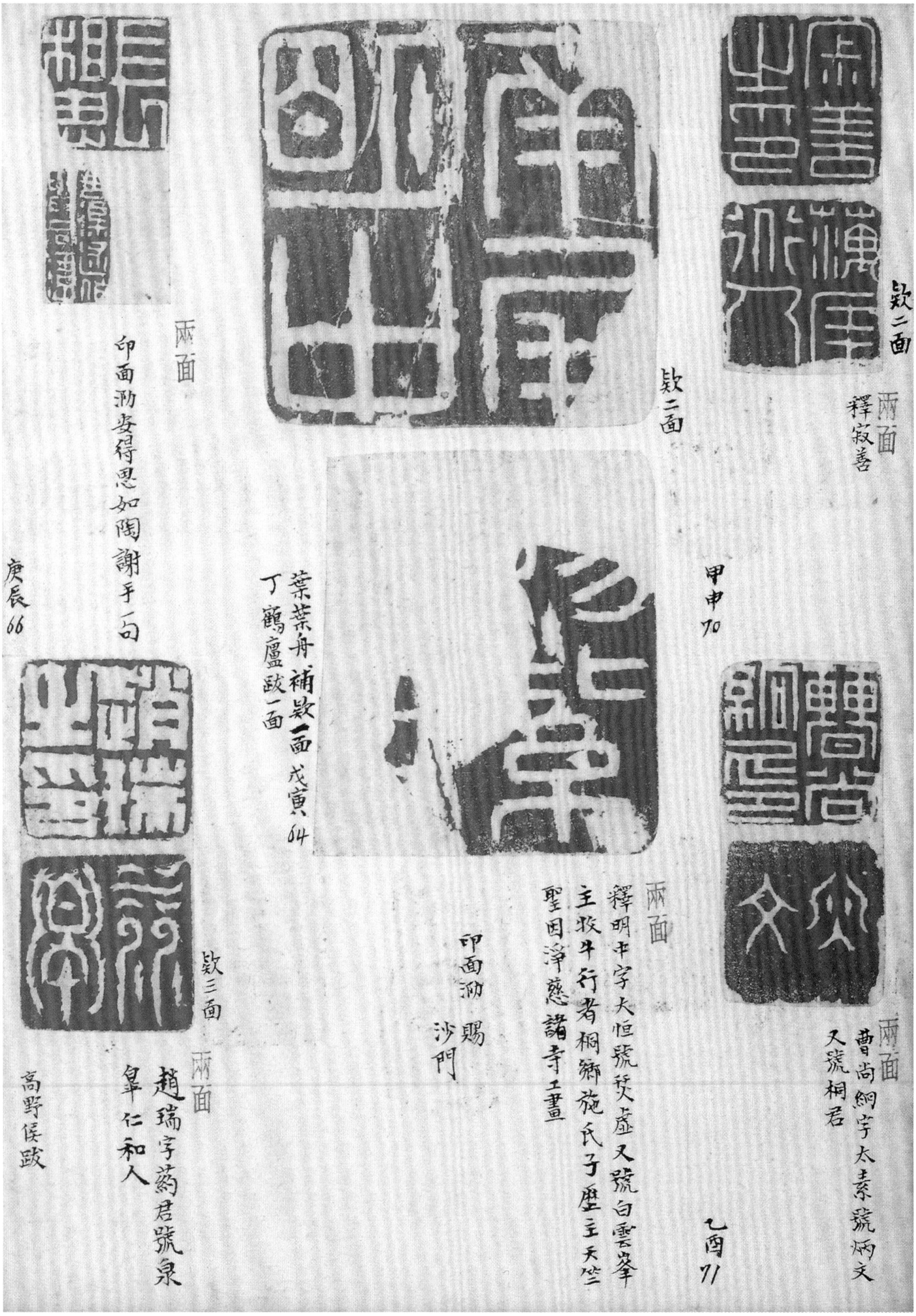
欵二面
兩面
釋寂善
甲申
70
兩面
曹尚絅字太素號炳文
又號桐君
乙酉
71
欵二面
兩面
釋明中字大恒號烎虛又號白雲峯
主牧牛行者桐鄉施氏子歷主天竺
聖因淨慈諸寺工畫
印面泐 賜
沙門
葉葉舟補欵一面 戊寅
64
丁鶴盧跋一面
兩面
印面泐安得思如陶謝手一句
庚辰
66
欵三面
兩面
趙瑞字菊君號泉
皐仁和人
高野侯跋

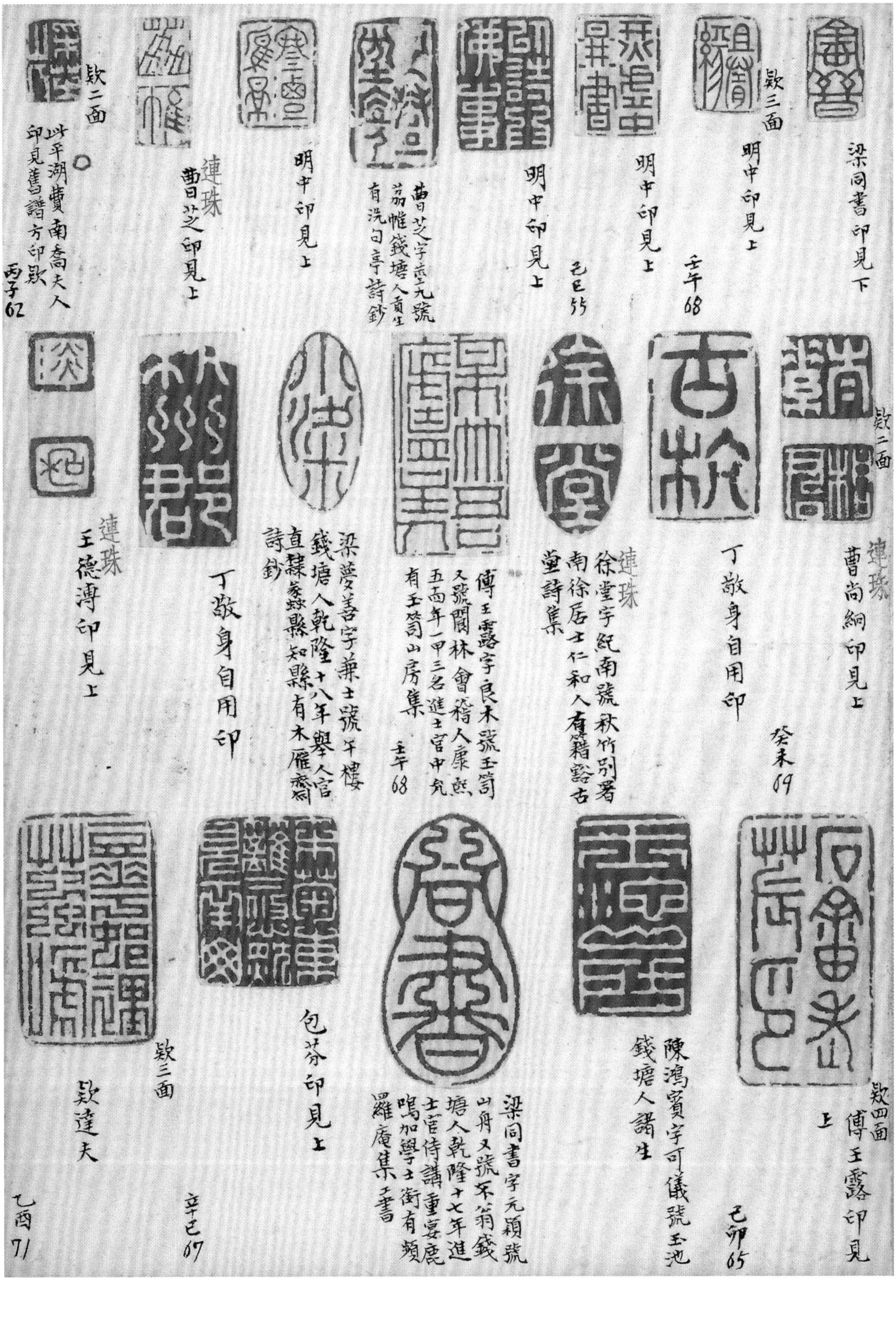
梁同書印見下
款三面
明中印見上
壬午68
明中印見上
乙巳55
明中印見上
曹芝字茎元號
荔帷錢塘人貢生
有洗句亭詩鈔
明中印見上
連珠
曹芝之印見上
款二面
○
此平湖費南喬夫人
印見舊譜方印款
丙子62
款二面
連珠
曹尚絅印見上
癸未69
丁敬身自用印
連珠
徐堂字紀南號秋竹別署
南徐居士仁和人有籍谿古
堂詩集
傅王露字良木號玉笥
又號閬林會稽人康熙
五十四年一甲三名進士官中允
有玉笥山房集
壬午68
梁夔善字兼士號午樓
錢塘人乾隆十八年舉人官
直隸豢鹿縣知縣有木雁齋
詩鈔
丁敬身自用印
連珠
王德溥印見上
款四面
傅王露印見上
己卯65
陳鴻賓字可儀號玉池
錢塘人諸生
梁同書字元穎號
山舟又號不翁錢
塘人乾隆十七年進
士官侍講重宴鹿
鳴加學士銜有頻
羅庵集 王書
包芬印見上
辛巳67
款二面
款達夫
乙酉71

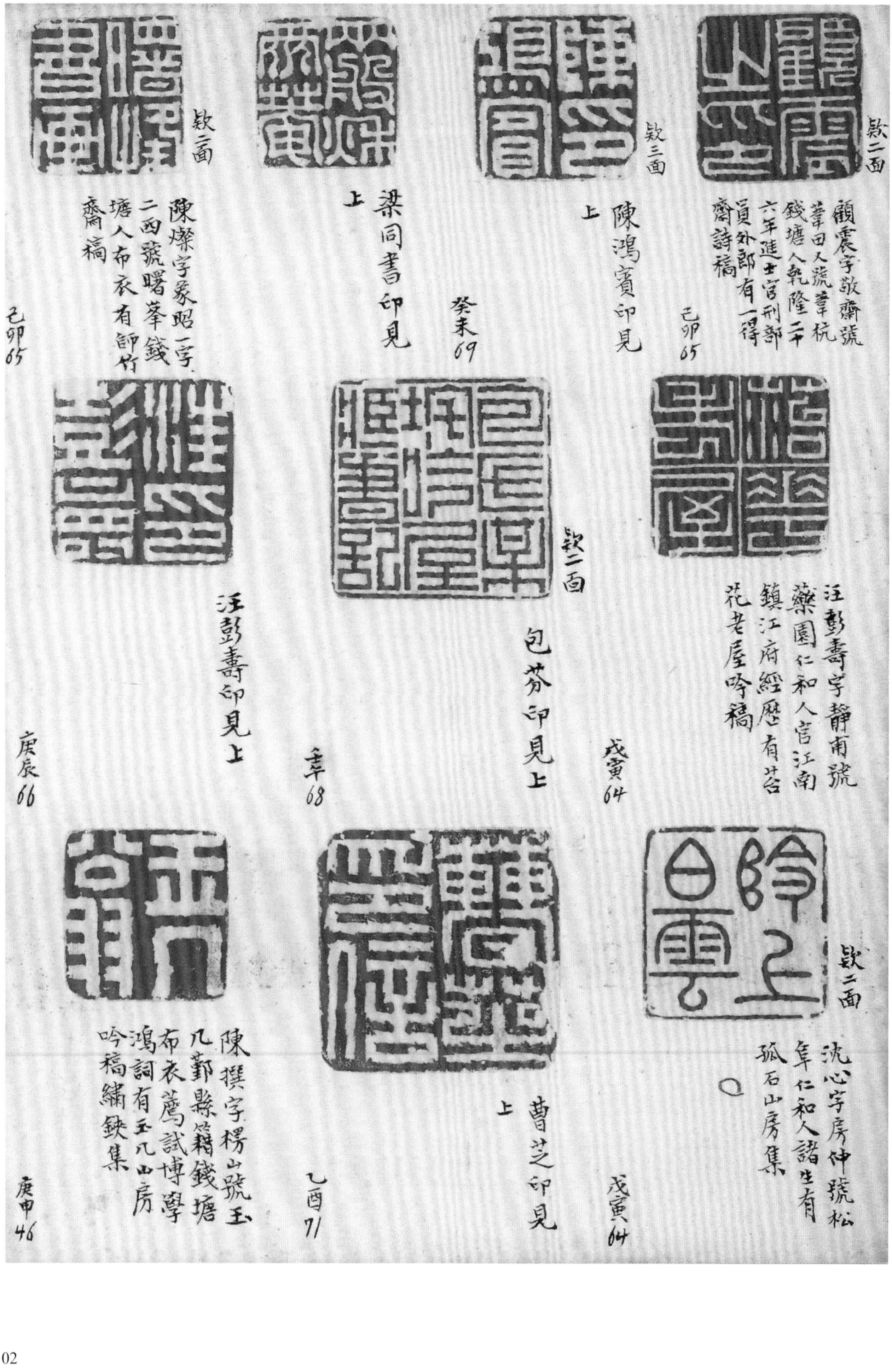

款二面
顧震字敬齋號葦田又號葦杭錢塘人乾隆二十六年進士官刑部員外郎有一得齋詩稿
己卯 65

款三面
陳鴻賓印見上

梁同書印見上
癸未 69

款二面
陳燦字豪昭一字二酉號曙峯錢塘人布衣有師竹齋稿
己卯 65

汪彭壽字静甫號藥園仁和人官江南鎮江府經歷有茗花老屋吟稿
戊寅 64

款二面
包芬印見上
壬午 68

汪彭壽印見上
庚辰 66

款二面
沈心字房仲號松阜仁和人諸生有孤石山房集
戊寅 64

曹芝印見上
乙酉 71

陳撰字楞山號玉几鄞縣籍錢塘布衣薦試博學鴻詞有玉几山房吟稿繡鋏集
庚申 46

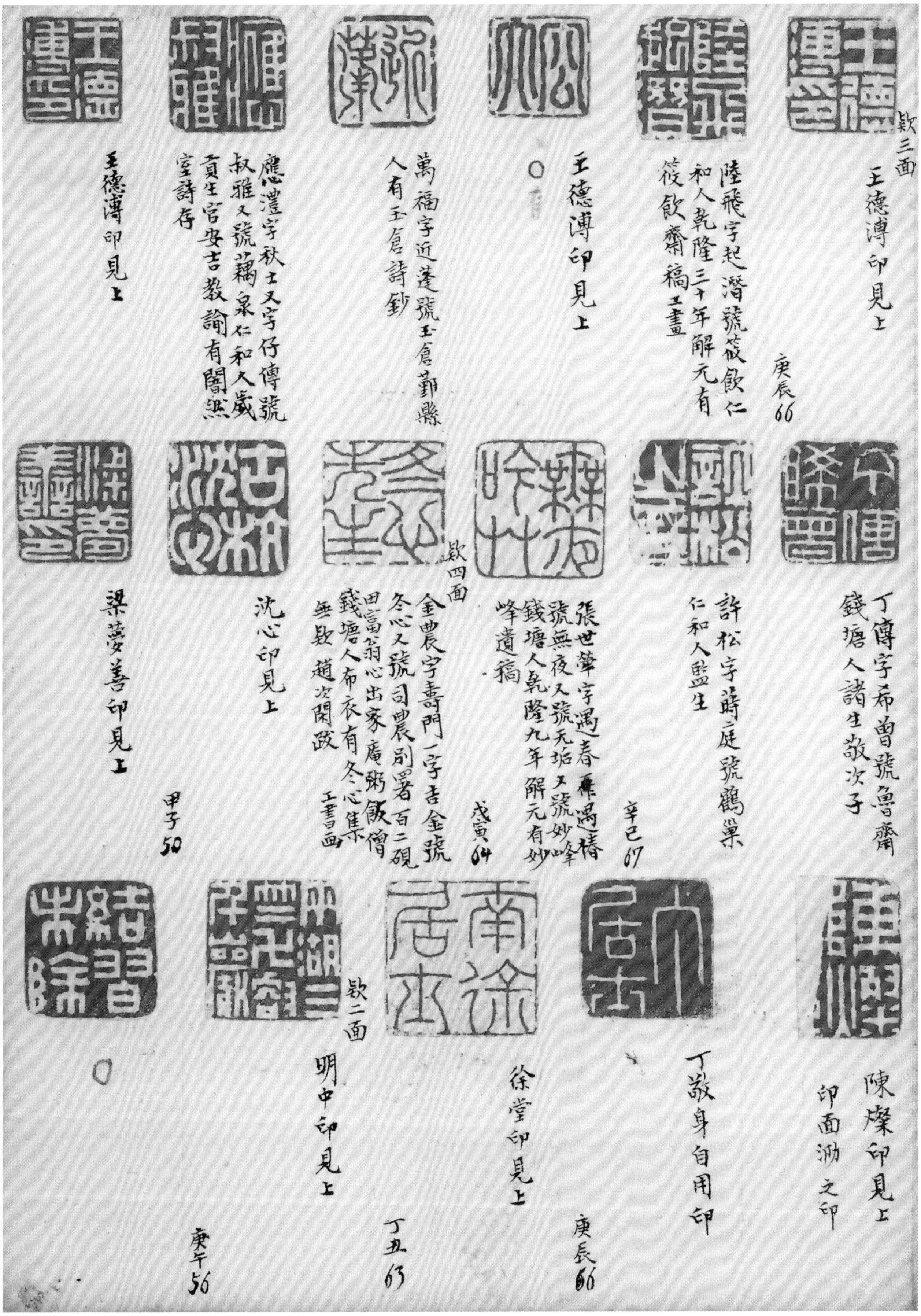
款三面
王德溥印見上
庚辰66
陸飛字起潛號筱飲仁和人乾隆三十年解元有筱飲齋稿 工畫
王德溥印見上
萬福字近蓬號玉倉鄞縣人有玉倉詩鈔
應澧字秋士又字仔傳號叔雅又號藕泉仁和人歲貢生官安吉教諭有闇然室詩存
王德溥印見上
丁傳字希曾號魯齋錢塘人諸生敬次子
許松字蔣庭號鶴巢仁和人監生
辛巳67
張世準字遇春 [illegible]遇椿 號無夜又號无垢又號妙峰錢塘人乾隆九年解元有妙峰遺稿
戊寅64
款四面
金農字壽門一字吉金號冬心又號司農別署百二硯田富翁心出家庵粥飯僧錢塘人布衣有冬心集 工書畫
無款 趙次閑跋
沈心印見上
梁夢善印見上
甲子50
陳燦印見上
印面泐之印
丁敬身自用印
庚辰66
徐堂印見上
丁丑67
款二面
明中印見上
庚午56

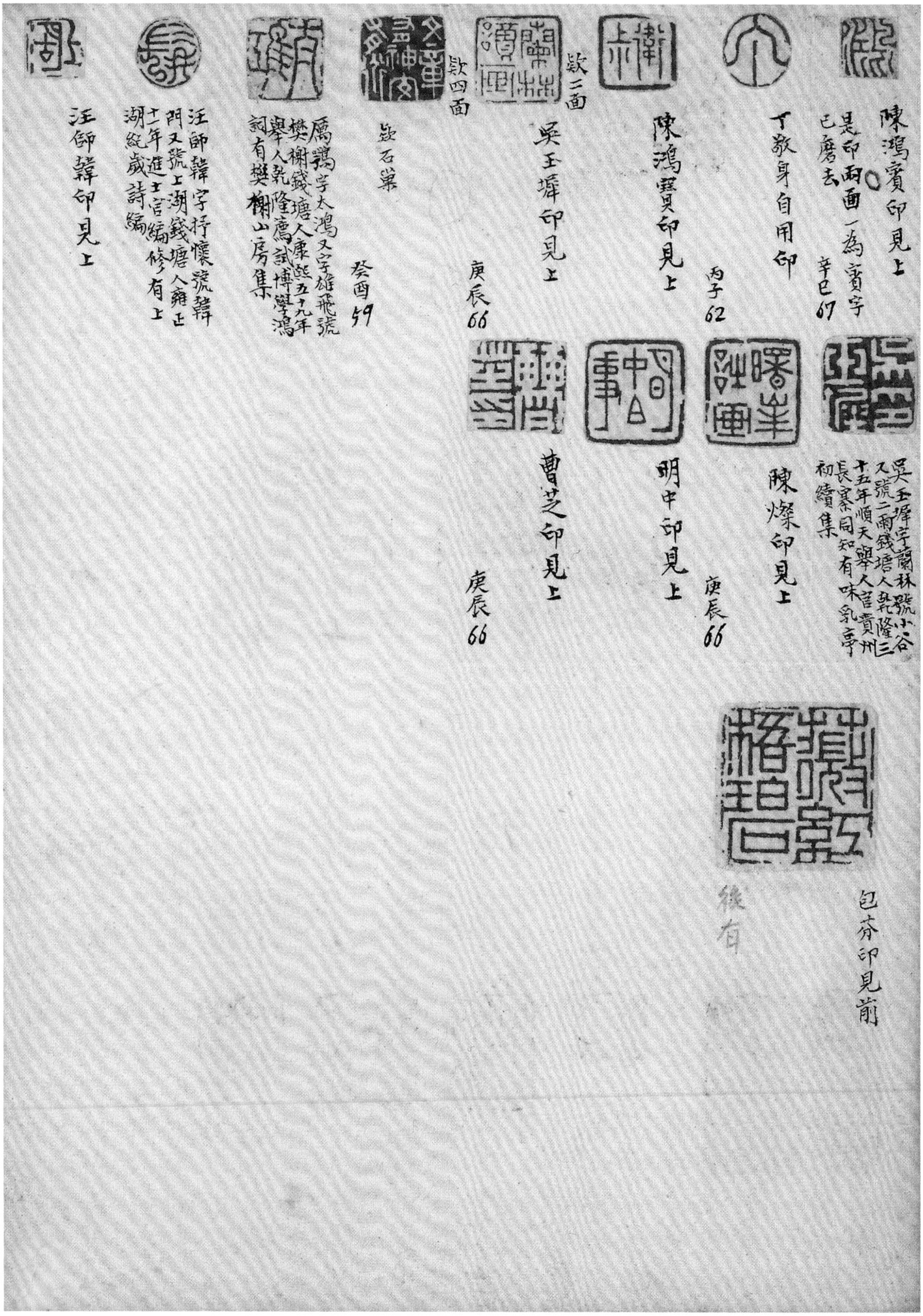

陳鴻賓印見上
是印兩面一爲賓字已磨去
辛巳67

丁敬身自用印
丙子62

陳鴻賓印見上

款二面
吳玉墀印見上
庚辰66

款四面
敬石巢
癸酉59

厲鶚字太鴻又字雄飛號樊榭錢塘人康熙五十九年舉人乾隆薦試博學鴻詞有樊榭山房集

汪師韓字抒懷號韓門又號上湖錢塘人雍正十一年進士官編修有上湖紀歲詩編

汪師韓印見上

吳玉墀字蘭林號小谷又號二雨錢塘人乾隆三十五年順天舉人官貴州長寨同知有味乳亭初續集

陳燦印見上
庚辰66

明中印見上

曹芝印見上
庚辰66

包芬印見前
後有

全国第四届硬笔书法家大书法作品国展优秀篆刻作品

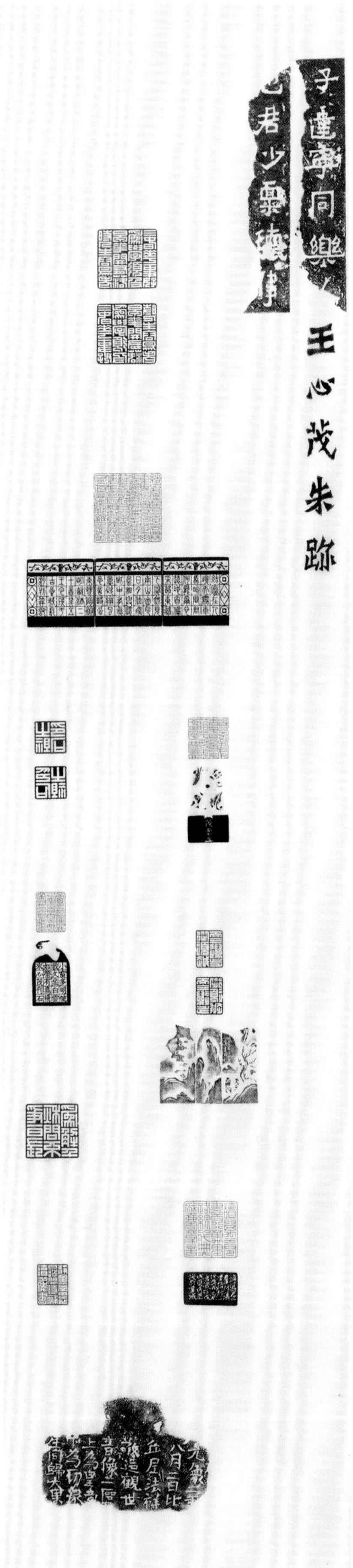

王心茂作品

印石之祖

张士轲作品

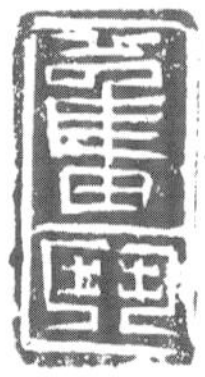

奋斗

中國大書法

刻字寻真

刻字名家

何文祥

1966 年 3 月生于江苏镇江

刻字作品荣获

全国第八届刻字展全国奖

全国第十届刻字展优秀奖

现为

中国硬笔书法协会刻字委员会副主任兼秘书长

中国书法家协会会员

现代刻字是集书法、绘画、雕塑和工艺美术的综合艺术

现代刻字强化外在效果与内蕴创意并举

既有新锐思想的激活，又有灵活实践的探索

现代刻字以立体的书法构成和丰富的刀痕木趣

表现时代精神性

对人们的生活越来越具感染力

刻字作品 / 陋室铭

全国第四届硬笔书法家大书法作品国展优秀刻字作品

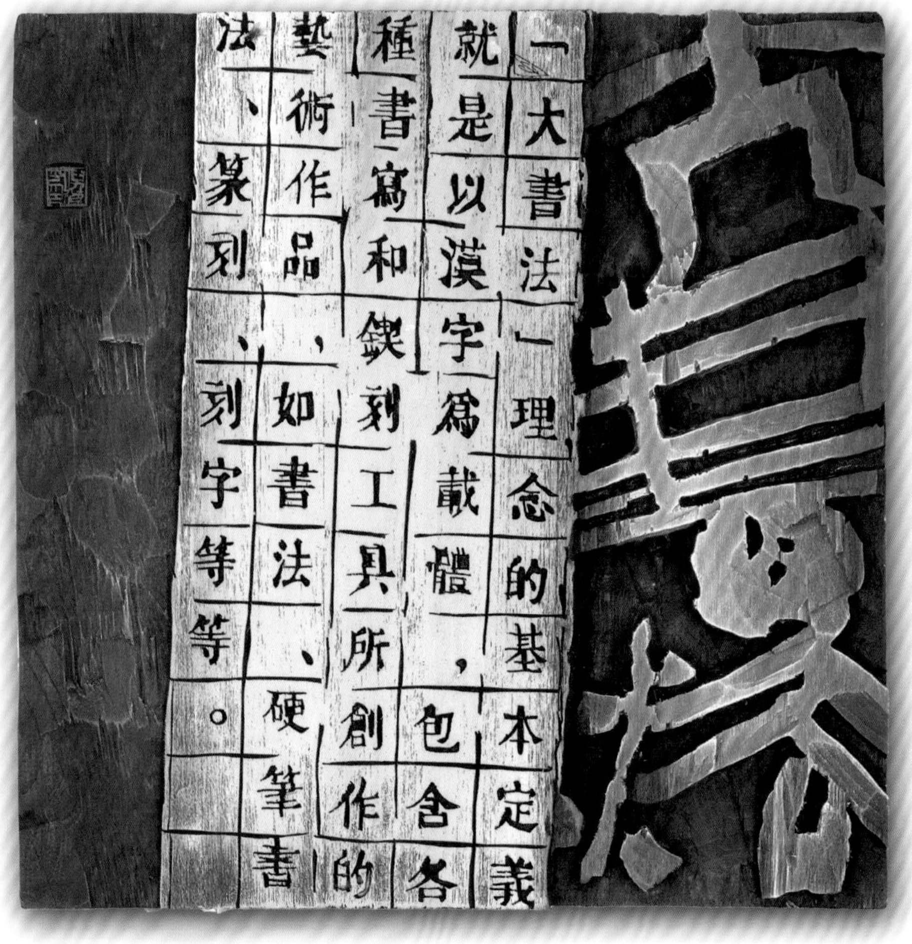

倪后平作品　大书法

徐传芳作品　得趣

中國大書法

书苑丛谈

大书法理念释读

张俊

摘要 大书法理念的提出，在理论上回答了硬笔书法“是什么”“要走向何方”等系列关于硬笔书法发展的核心问题，为硬笔书法事业带来了整整十年的发展契机。大书法植根于传统文化，以宏阔的文化视野来审视书法问题，用开创性思维指导书法事业，用艺术规律引导艺术创作，壮大了自己，繁荣了当今的书法事业。

大书法理念是2006年张华庆在中国硬笔书法协会的全国组联工作会议上提出来的，大书法的提出，为硬笔书法事业已经带来了十年（2009—2019）的发展契机。2017年中国硬笔书法协会第六次会员代表大会上，“弘扬中华文化，践行大书法”作为指导硬笔书法事业发展的理念被写入中国硬笔书法协会的章程。深入体会大书法的内涵，全面地解读大书法，是践行大书法的前提。

一、大书法理念的提出及其意义

（一）大书法的提出

现代书法教育和传统书法教育的分水岭应该是科举制度的结束和新式硬质书写工具的使用，即戊戌变法、辛亥革命至五四运动时期。科举制度的取消使传统书法教育失去了最坚实的土壤；新式硬质书写工具轻便快捷，在客观上迅速取代了传统的书写工具——毛笔；五四运动在思想唤醒国人的同时也进一步消解了传统文化的力量，其中，由此开始的汉字简化运动对书法及其教育产生的影响是非常巨大的。由时间计，书法教育的缺失应该从这一时期开始。

自拨乱反正以后恢复高考制度以来，中国教育事业的发展是非常迅速的，但我们应该看到，快速发展的是应试教育，文化素质教育是与之不匹配的。尤其是信息时代到来以后，电脑的普及使得书法教育缺失现象越发严重，其不良后果也在不断显现出来。

“书法热”出现在20世纪80年代，正值“文革”结束。这一现象的出现表面上看是当时那一代人是为了夺回逝去的青春而在努力奋斗和学习，而深层原因则是文化断代和书法教育长期处在缺失状态的体现。也只有在当时的历史环境下才能出现“书法热”这一现象，它作为一种外在动力在当时切实地推动了书法事业的兴起，全国各地硬笔书法赛事不断，也促成了硬笔书法组织的出现，硬笔书法有了自己发展空间。

改革开放三十年之际，各种思潮不断出现，也深刻地影响着中国的文化艺术，但硬笔书法领域却没有受到一丝影响。究其原因，客观上讲，硬笔书法的发展还处在初级阶段，还没有进入主流艺术行列，所以，它感受不到文化思潮的力量。此时，作为有组织的硬笔书法已经走过了二十多个发展年头，但是，它的发展动力依然是上个世纪的“书法热”，余温有限，已不足以支撑起硬笔书法事业的发展。“钢笔字”式的硬笔书法依然是硬笔书法学习和创作的主流，这大大阻碍了硬笔书法事业的发展。硬笔书法陷入彷徨之中，有识之士开始不断追问，硬笔书法到底是什么？硬笔书法应该走向何方？中国硬笔书法要发展，这些基本问题在理论上必须要得到回答。正是在这种历史背景下，张华庆提出了大书法理念。

（二）大书法的意义

面对硬笔书法是什么、要走向何方的追问，大书法概念的提出在理论上很好地回答了这一问题。

其一，大书法在理论上回答了硬笔书法“是什么”这一基本问题。“书法热”时期的硬笔书法学习、创作和推广目的很单纯，就是为了学习文化知识，写好钢笔字。电脑普及之前，钢笔字的实用性很强，当时的硬笔书法发展思路也是与之相匹配的。随着时代的进步，文字书写的实用性在逐渐减弱，随之而来，文字书写的艺术性却在增强。大书法为硬笔书法找到了可持续发展的源泉——传统书法这个母体，2010年全国第二届硬笔书法国展中的很多作品，通过深入学习传统书法将更多的传统中国文化元素引入进来，硬笔书写工具创作的汉字作品被真正提升到了艺术层面，硬笔书法艺术与硬笔汉字书写自此泾渭分开。硬笔书法找到的自己可以依托的根，也就找到了可以保障可持续发展的内在动力。

其二，大书法在理论上回答了硬笔书法“要走向何方”这一重要问题。大书法不仅是一个艺术概念，同时也是一个文化概念，“传承中华文化”与“践行大书法”是一体的，践行大书法的本身就肩负着传承中华文化的使命。在人类文明发展史上，代表东方文明的农耕文明有过辉煌，也有过衰落，但其原始文化因子却能指引未来。随着中国国力的提升，习近平总书记适时地提出的“文化自信”问题，书法是“中国文化核心的核心”（熊秉明先生语），是传统文化的符号，我们有必要通过书法的形式来传播和弘扬中国的传统文化

总之，大书法理念的提出，使中国硬笔书法找到了合乎自身规律的发展道路。

二、大书法理念

（一）大书法概念的界定

张华庆大书法概念的基本定义：是以汉字为载体，包括各种书写和契刻工具所创造的艺术作品，如书法、硬笔书法、篆刻、刻字等。从概念的外延上来看，大书法涵盖毛笔、硬笔、篆刻和刻字等四个子艺术门类，与通常所使用的书法概念相较属于广义的书法概念。在中国古代，书法被称为“书”，并无广狭之分，《周礼·保氏》：“养国子以道，乃教之六艺”，周代的“书”应该包括识字与书写两部分内容。魏晋以往，随着书法艺术的自觉，“书”的概念逐渐被限定在毛笔书法一系。自清乾嘉始，凡前代在甲、金、石、竹、帛之上用锥、凿、刀、笔、帚所铸、刻、鎏、凿、书之文字都可作为书法研究之资料，“书”的外延被最大化了。“书”的外延的扩大，或旨在书学研究，或意在书法实践。

（二）大书法理念的旨归

大书法概念是在特定时代背景下提出来的，它的实践性意义要远远大于理论性意义，即大书法概念的提出是在谋求硬笔书法事业的发展，因此，在硬笔书法领域，大书法不仅仅是一个理论上的概念，更是一种可以切实指导实践的理念。它的提出，拓展了硬笔书法事业的发展空间，为硬笔书法事业带来了整整十年的发展机遇，大大促进了硬笔书法事业的发展。目前，中国硬笔书法协会在全国有1000多家会员单位，会员遍布各地的各个行业，中国硬笔书法协会被公认为是中国“最大规模的书法类艺术团体”；大书法的各类培训、艺术活动在全国各地接连不断，客观上拉动了相关产业的出现与繁荣。大书法理念经住了时间和实践的检验，在2017年中国硬笔书法协会第六次全国会员代表大会上，大书法理念被作为指导硬笔书法事业发展的指南写入了中国硬笔书法协会的章程。

（三）大书法理念的视野

最早提出和使用“大书法”这一个概念是在2006年，除了硬笔书法领域以外，这一概念的使用频率都不是很高。其中，有理论价值的有这样几家，张捷2006年6月发表在《云南师范大学学报》上的文章《书法文化链与“大书法文化”发展战略研究——关于中国书法文化产业发展的战略规划的评述和展望》，使用的是“大书法文化”一词；郭永健2011年7月发表在《美术观察》上的文章《大书法艺术观刍议》，使用的是“大书法艺术观”一词；杨天才2013年11月发表在《书法》的文章《从“大书法史观”到作为文化策略的中国书法价值》，使用的是“大书法史观”一词。由于学术立场的不同，大家对“大书法”含义的界定也有极为明显的区别，但是，在用宏观的文化视野来审视中国书法这一点上，大家是一致的。

大书法的实践性立场决定，大书法的视野所及一定会有实践行动伴随。近几年来，中国硬笔书法协会与日本、韩国、俄罗斯等国家以及港澳台地区分别建立起了大书法艺术的文化交流关系，正是用实际的行动把理论探讨的成果付诸实践。

在全球化时代，世界文化正在趋于多元化，随着中国国力的提升，世界对中国传统文化的认同感也在不断增强，中国书法所表现出来的文化性格和价值也不断地被凸显出来，书法艺术在国际文化交流和我国软实力建设方面正在发挥着重要作用，建立“大书法观”是时代之趋势。

（大书法史观的提出，见周俊杰先生2008年10月6日国家图书馆文津大讲堂所做题为《中国书法与中外大文化》讲座的第一部分提纲。）

三、大书法的文化情怀

大书法不是一个孤立的概念，“践行大书法”与“传承中华文化”是一体的。

（一）“让亿万人写好中国字”

“让亿万人写好中国字”表面是在普及写字教育，内里总会含有传承中华文化的意味。中国人从来不会认为写字就是简单的写字，比如，评价一份学生的作业，在对知识点进行评价的同时一定会附带上对写字问题的评价，这就是中国乃至汉字文化圈特有的现象，这就是中国的写字文化。试看，有哪个国家和民族还能把写字问题当做教育问题来抓？把写字问题当作文化问题来对待？

中国人对文字的崇拜由来已久，它决定于文字在中国先民们政治、文化生活中有着无可替代重要的地位。《淮南子》记载，“昔者苍颉作书，而天雨粟，鬼夜哭”。文字创制，文明开启；天机泄露，鬼神震动。造字者，古之圣人也。《左传》记载，“国之大事，在祀与戎”，甲骨文是祭祀时用来沟通鬼神的。《说文解字叙》云：“言文者，宣教明化于王者朝廷。”周王制鼎作铭，诸侯皆识，只有诸侯国之间有着共同的政治认同感才能如此。

从书法史角度而言，书法附着于文字，而关于文字的各种问题，都可能与书法有关联，书法是由所有识字用字

的人参与的社会性艺术，宋以前书家以“通知古今文字”为能事，善书必须明字，论书亦必先称述文字，文字观成为书法观的基础。《说文解字叙》云：“文字者，经艺之本，王政之始，前人所以垂后，后人所以识古。”书法借助文字之力得以发扬广大。

中国的古代文化是儒、释、道三教合一式结构模式，考察一下中国的历史，在中国大地上从来没有像西方那样因为宗教原因而产生过激烈社会动荡和宗教冲突。究其原因，一方面，三教都可以找到共同的元典根源——易经文化，另一方面，三教典籍有着共同的文字载体——汉字，保证了三教互存互容。

汉字对中国传统文化的传承和思想文化的统一所起到的作用是非常之大的。今天的中国南北方言差距很大，但从没有因语言的不通而影响同一文化的传承与发展，究其原因，正是因为我们有着共同的文字。汉字是世界上唯一仍在使用着的象形文字，抛开文字对文化传承之作用外，就文字使用上的优越性仍不亚于拼音文字，联合国文件中文版是最薄的；出现新事物，中文使用组词法，如“网红”一望便知，而英文必须要造一个新词，在日常掌握三四千汉字就可无碍交流，而使用英文数量就得增加许多。

“书法，由于与文字相关，与文学相关，与典籍相关，与公共艺术相关，一直是中国文化中最核心的东西。因此，从书法中，最能明显地体现出中国文化独特精神。”（沃兴华《论中国书法艺术的现代转型》，《书法杂志》，2004.5）

（二）“写字就是爱国”

张华庆在接受“新华网”专访时谈到，作为一个中国人，把字写好就是爱国主义的体现。“写字教育就是爱国主义教育”这种观点是受到冰心老人“从事教育事业就是爱国”说法的启发。

首先，文字乃中华文脉所系。近代社会以来，西风东渐，以中国传统文化为代表的东方文化受到了西方文化的猛烈冲击，以至于中国的传统文化在一个半世纪的时间里一直处在缺失状态，以传统文化为依托的书法教育的缺失在所难免。五四运动以来，从救亡图存目的出发，中国掌握先进思想的文人们曾发起过“汉字革命”运动，认为繁缛的中国汉字是影响文化普及的障碍，1936 年，国民政府曾公布一批简化字，虽未真正实施，但汉字简化运动已经实质性开始了。简化字的推行确实起到了扫除文盲、普及文化知识的作用；出于对中华传统文化传承的考量，第二批简化字方案公布之初就受到社会各界的猛烈抨击，文字简化运动就此搁浅。至此，虽然第一批用于过渡使用的简化字并不完善，但依然被沿用下来，也就是我们今天正在使用的简化字。从文化传承的角度来看，简化字已经给今人造成了阅读古典文献的障碍，可以断言，汉字至此不会再有简化了。

其次，书法文化事关中国文化安全问题。在西方艺术理论框架下是没有书法席位的，因为西方没有书法，即便是有了席位也无法给予准确定位的。书法作为中国传统文化的符号，中国艺术之源，在讨论中国传统文化和传统艺术时书法是不可以缺席的，郭永健先生曾发文呼吁，要完整地把握书法艺术，其目的就是给予书法一个合理的定位，对书法任何偏颇的解释都有损于书法的本质和地位。周俊杰先生在演讲中说：我们当代书法，无论从学术或是从创作的角度看，都已经成了“一个新的文化系统”，且是一个独立于世界之林的独特的东方文化系统，它已涵容了东西方文化的精髓，并为西方逐渐理解、接受。

书法文化事关国家文化安全，原中国书法协会副主席邵秉仁先生曾在 2008 年撰有《书法、传统文化与国家文化安全》一文，该文对这一问题作了很好地阐释，可谓震耳发聩。

总之，汉字之于中国书法、中华文脉功莫大焉，我们没有理由不去珍惜。

四，大书法的内在发展逻辑

大书法概念中包含有数个子艺术门类，各个子艺术门类之间是有着内在联系的，同时，大书法艺术也是中国书法传统延续。

（一）规范字与书法字

“端端正正写字，堂堂正正做人”，对规范字的普及和推广是大书法一项重要任务。中国书法对汉字有着天然的依赖性，早期的书法发展就是以文字演进为线索的，在古代书论中，言书法必先谈文字已经成为一种传统。在书写实践中，规范字与书法字之间经常处在依存与背离之间，但规范字作为书法字的宽厚基础是不言而喻的，可以这样认为，中国书法的发展史首先是规范字的发展史，尤其是在古代科举教育体制下，如果没有众多读书人的参与，中国书法史的发展是很难想象的。

文字乃“王政之始”，规范字的整理与推广工作为历代王朝所重视。《史籀篇》相传为周宣王时太史籀所作，是最早见于史书中的儿童识字课本。用意考察，以周代《史籀篇》为起点直至新中国《通用规范汉字表》的颁布，规范汉字的发展脉络是清晰有序地。其中，秦代“书同文”、宋代“刻板印刷”及近代“汉字简化运动”这三个历史事件对规范字的发展影响十分巨大。从学理上分析，规范字与书法字的发展路径与旨归是完全相背的，但古代文人却能很好地解决好二者之间的关系——明清“馆阁体”可以理解为规范字的贵族化形式，文人们无不以之为立身之本；而书法所蕴含的深刻艺术内涵，往往又会成为文人终身的意趣追求。趋向共性化的规范字审美在作为趋向个性化的书法字审美的参照系的同时，更是孕育书法个性美的土壤；共性美代表着书法史发展的主线索，无论个性美如何发展，总是以回归的趋势与主线索密切联系着。

（二）硬笔书法与当代书法

张华庆谈许多年前曾与沈鹏先生有过谈话，沈先生讲："硬笔书法的普及会使更多的人爱好书法，书法这个金字塔就大了，我们（书法家协会）站在塔尖上"这句话一语道出了当代书法的精英化与硬笔书法的大众化之间的关系，这种观点在书法界是具有代表性的。

随着文字书写实用功能的削弱，文字书写的艺术性功能在不断地增强，无论是当代书法还是硬笔书法都是艺术化了的。从发生学角度理解，传统书法是当代书法和硬笔书法的共同母体，当代书法和硬笔书法是一对姊妹艺术。在当下，这种观点或许还不能得到普遍的认可，多数人对硬笔书法的认知还停留在"钢笔字书法"发展阶段，对硬笔书法存在某种认知偏见是可以理解的。

硬笔书法由钢笔字到书法艺术的转型发生在大书法提出以后的全国第二届硬笔书法家作品展，由于硬笔书法向传统书法的靠拢，使得硬笔书法中的文化因子被激活了，艺术特质也被挖掘出来，硬笔书法作为书法艺术的地位得到了确立。与此同时，硬笔书法的发展也为当代书法做出了自己的贡献。其一，硬笔书法首先将手札、册页等案头小幅书法作品搬进了展厅。现代书法是展厅艺术时代，古代手札、册页等小件作品只适合文人们在案头把玩，硬笔书法家们通过合理地拼接等方式实现了手札、册页等小件作品可以做远观的形式过渡，使现代书法展览在条幅、中堂、对联等传统式样中增加了一种形式。其二，对小品书法式样及章法的发展。在古代，书画小品是比较受欢迎的式样，如手札、扇面等，随着现代展厅书法时代的到来，其发展空间受到了限制。而硬笔书法的发展给书法小品的发展带来了新的契机，尤其是在小品章法的研究与创作实践方面，成绩尤为可观。硬笔书法与小件作品具有天然的契合点，近几年来硬笔书法界出现了专门的小品书法展、大型展览的征稿也会设立小品单项。被现代书法边缘化了的小品式样，由于硬笔书法的提倡与推进，得到了前所未有的发展空间。其三，册页作品创作与制作的极致化倾向。在第四届硬笔国展作品中，册页作品的质量是占绝对优势的，无论是作品书写功力、取法路数、创作格调、章法构思、形式式样、装帧设计等等可以说都有极致化倾向（这一现象也出现在中国书协的展览中）。传统小楷书法的滋养及硬笔书法创作的极致化追求，使得册页作品的创作水平达到了空前的高度。

余论

从发生学角度来考察，硬笔书法的出现带有很强的群众性和自发性特征，而在此基础上提出的大书法则是理性化的，其实践性特征更为明显。十年来，大书法根植于传统文化，用宏阔的视野来审视书法问题，用发展的眼光来面对书法事业，用艺术的规律来引导艺术创作，由于能够紧跟时代步伐，所以能够焕发出勃勃的生机。

参考文献：

[1]《中国书法史》，江苏教育出版社，2002.6。

[2] 郭永健，大书法艺术观刍议，《美术观察》，2011.7。

[3] 杨天才，从"大书法史观"到作为文化策略的中国书法价值，《书法》2013.11。（"大书法史观"见周俊杰先生2008年10月6日国家图书馆文津大讲堂所做题为《中国书法与中外大文化》讲座的第一部分提纲）

[4] 周一红，"大书法"观念下书法产业发展策略研究，《广播电视大学学报》，2014.7。

[5] 张捷，书法文化链与"大书法文化"发展战略研究 -- 关于中国书法文化产业发展的战略规划的评述和展望，《云南师范大学学报》（哲学社会科学版），2006.6。

[6] 习近平，深化文明交流互鉴、共建亚洲命运共同体——在亚洲文明对话大会开幕式上的主旨演讲，2019年5月，北京。

[7] 沃兴华，论书法艺术的现代转型，《书法杂志》，2004.5。

张俊

辽宁渤海大学教授

中国硬笔书法协会理事、学术委员会副主任

中国书法家协会会员

上野三碑

文 / 蒋铮

日本列岛东部的古代上野国（Kozuke-no-kuni，位于现群马县）留传下来的三座石碑“上野三碑”，是日本仅存的十八座古石碑（公元7-11世纪）中，年代最早的石碑，一直保护至今。2017年10月，“上野三碑”被入选为联合国教科文组织《世界记忆名录》。

这三座石碑即山上碑（Yamanoue-hi，建于681年）、多胡碑（Tago-hi，约建于711年），和金井泽碑（Kanaizawa-hi，建于726年）。这些碑的记录方式，是由被称为渡来人的朝鲜半岛的移民传播而来的，当时居住于远离日本国都（现飞鸟、奈良地区）的当地人，在与他们密切交流中用文字雕刻了这些石碑。山上碑是按照日语语法词序，用汉字所写的日本最早的历史文物之一。多胡碑自十八世纪以来，成为研习中国书法的范本。金井泽碑记录了当地佛教传播的状况。这三座皆为显示古代东亚地区文化交流实态的极为重要的历史资料。

三座碑里所刻写的内容，说明了中国的政治制度、汉

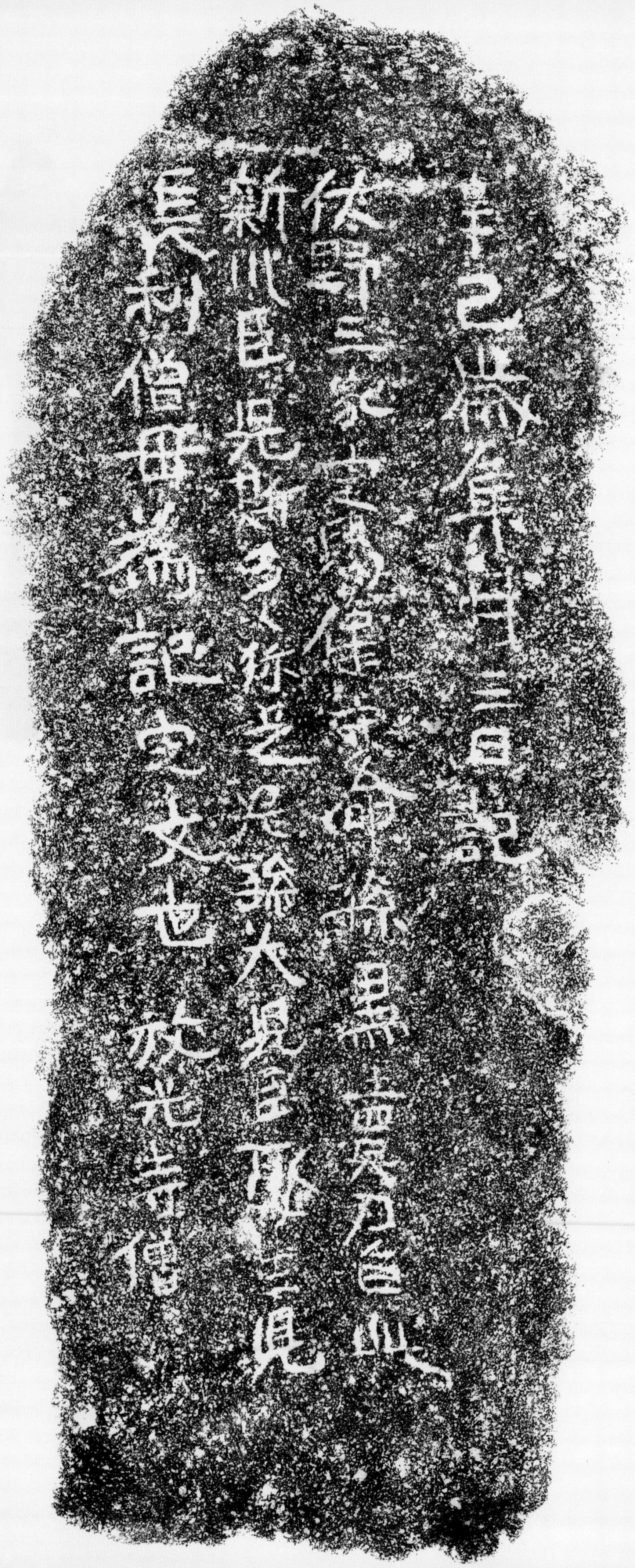

山上碑拓片

释文：

辛己岁集月三日记

佐野三家定赐健守命孙黑卖刀自此

新川臣児斯多夕弥足尼孙大児臣娶生児

长利僧母为记定文也，放光寺僧

字文化，宗教等通过了朝鲜半岛的移民传播到了日本东部的上野国。这些文化传到当地后，被当地人广泛接受和传播。

这三座碑从历史、文化、社会、政治的角度来看，皆具有成为世界记忆遗产之稀有的价值。

山上碑

山上碑建于681年，是日本保存完好的最古的石碑。

碑文上记录了僧人长利为祭奠母亲而修建了此石碑，以及其父母两家族的族谱等内容。长利于祭奠母亲的同时，也告知后世其为上野国（现群马县）大豪族的子孙，也是大寺院的一僧人。

从碑文记录的内容可知，从中国传来的汉字文化和佛教信仰已在日本古代社会里扎下了根。

多胡碑

多胡碑是为了纪念711年多胡郡建郡，由当时名为“羊”的郡长官所修建的石碑。“羊”被推测为一个从中国渡海到日本的外来人。

多胡碑释文：
弁官符上野国片岡郡绿野郡甘　良
郡并三郡内三百户郡成给羊　成多
胡郡和铜四年三月九日甲寅　宣左
中弁正五位下多治比真人　太政官
二品穗积亲王左太臣正二　位石上
尊右太臣正二位藤原尊

古代日本的正史《续日本纪》中也留下了有关多胡郡建郡的记录，为此碑所记录的内容提供了有力的证据。

多胡郡的所在地，很早以前外来技术就被移植到当地，使之成为上野国（现群马县）屈指可数的手工业生产地带。

当时的日本中央政府为了把握地方上的生产据点，重新划分行政区域而设置了该郡。

多胡碑拓片

8月20日早，张华庆、李冰、熊洁英、赵洪生等在丁如霞、宫川佳代子、蒋铮、今成清泉、町田菁华等陪同下拜会群马县知事三本一太。在三本一太先生安排下，由角田淑江、佐藤贵昭、上原克之陪同，参观了群马县被登录“世界记忆”的上野三碑，“多胡碑”，“山上碑”，“金井泽碑”。在高崎市多胡碑纪念馆受到馆长白云 修，次长汤浅贵弘，主任学艺员和因健一的亲切接待，饶有兴趣的认真听了详细介绍，白石 修馆长向张华庆一行赠送了上野三碑原迹拓片，张华庆向日方赠送了《中国大书法》丛刊，《墨海掬珠》作品集等。

金井泽碑

金井泽碑是公元 726 年自称“三家氏”的豪族为祭祀祖先和祈祷家族繁荣兴旺而修建的石碑。

石碑上刻有以三家氏为主的 9 人之姓名。碑文的内容显示了，日本古代地方豪族的姻亲关系和利用佛教来加强家族团结的状况。从 9 人之中 4 人为女性来看，也可知女性在管理家庭和祭祀祖先方面占有重要的地位。

另外，从碑文的内容还可知佛教在古代日本东部地区的传播状况，以及从中国传来的律令制时代的政府为完善行政制度所采取的措施等。

金井泽碑释文：
上野国君马郡下赞乡高田里　三家子口为七世父母现在父母　现在侍家刀自（他田）君目（颊）刀自又见兒（加）　那刀自孙物部君午足次刀自次（若）　刀自合六口又知识所結人三家毛人　次知万吕锻师礒マ君身麻吕合三口
如是知识結而天地誓愿仕奉　神龟三年丙寅二月廿九日

金井泽碑拓片

金井泽碑拓片（局部）

中國大書法

大书法展厅

馆名题字：韩天衡

张华庆大书法艺术馆（九盦）

座落在日本福冈县北九州市若松区片山丁目 5–8

下图为张华庆大书法艺术馆（九盦）外景

张华庆，别署清园、闲意室主人、兰玉堂主、津申、毅慈、九鑫主人等。上海人，祖籍镇江，中国民主促进会会员。

现为中国硬笔书法协会主席、民进中央开明画院副院长、《中国大书法》丛书主编、中国书法家协会硬笔 艺术部秘书长、香港大书法协会主席、国际兰亭笔会副会长、日本国艺书道院顾问、日本北九书道祭典协会海外名誉顾问、国际书法教育家协会高级艺术顾问、香港书法家协会艺术顾问、香港硬笔书法艺术协会名誉主席、香港书法协会艺术顾问、香港硬笔书艺会艺术顾问、中硬书协香港女书法家协会永远荣誉会长、澳门书法院总顾问、台湾中华国际女书画家协会顾问、韩国碑林博物馆名誉理事长、中国人民政治协商会议大连市沙河口区委员会第六、七、八届常务委员。

受聘为清华大学美术学院高研班教授、导师，华东政法大学兼职教授，西安建筑科技大学华清学院兼职教授，浙江传媒学院客座教授，青岛恒星科技学院教授，郑州工程技术学院客座教授，西安培华学院客座教授，辽宁经济职业技术学院荣誉教授。

张华庆大书法艺术馆开馆仪式在日本北九州市举行

韩国前总理李寿成致辞

日本国会参议院前议长江田五月致辞

台湾中华书学会会长张炳煌致辞

中国驻福冈总领事何振良致辞

日本北九州市市长北桥健治致辞

著名篆刻家师村妙石致辞

12月1日下午，以中国硬笔书法协会主席、民进中央开明画院副院长张华庆名字命名的"张华庆大书法艺术馆"开馆仪式在日本北九州市若松区片山三丁目举行。

中国驻福冈总领事何振良，韩国原国务总理李寿成，日本国会参议院原议长江田五月，日本北九州 市市长北桥健治，日本众议院议员城井崇，原众议院议员绪方林太郎，

张华庆、李冰、熊杰英、李文霞与澳门书法界名流合影

张华庆、李冰、熊杰英与台湾书法界名流合影

张华庆、李冰、熊杰英与香港书法界名流合影

张华庆在大书法艺术馆接受西日本电视台采访

福冈县议会议员岩元一仪，台湾“中华书学会”会长张炳煌，韩国碑林博物馆理事长许由，中国硬笔书法协会驻会副主席兼秘书长李冰、学术顾问沈鸿根，副主席司马武当、监事长熊洁英、荣誉副主席李岩选，台湾国际书法联盟理事长陈嘉子，台湾“中华书学会”理事长陈美秀，台湾国际女书画家协会理事长杨静江，台北市“中华儿童书法教育推展协会”理事长黄玉琴，香港硬笔书法艺术协会主席许雪明，香港书法协会会长冯万如，香港硬笔书艺会会长舒荣孙，副会长王庆炜，香港书法解码学会会长李伟宏、副会长李成豪、洪燦燃，中硬书协香港女书法家协会会长娄耀敏、副会长吕卓君，香港诗书联学会主席叶炯光，香港青少年书法协会会长陈楚，副会长洪建才、理事张菓成、管玉萍，澳门书法院院长欧耀南，澳门硬笔书法家协会会长欧志祺、副会长梁少美，中国《青少年书法报》副社长李文侠，日本丁鹤庐研究会会长丁如霞，北九州市立文学馆馆长金川因子，中国书法家访问团秘书长梁秀、副秘书长李敬伟、赵洪生、康建勋、宿国锋，赵黎明等全体成员，日本福冈县、北九州市书画家文化艺术和各界人士等百余人出席开馆仪式。

张华庆大书法艺术馆座落在日本北九州若松区，依山傍海，馆中展示的作品第一部分包括近年来张华庆以弘扬中华文化，践行大书法理念所创作的书法、硬笔书法、刻字、篆刻作品近百幅，第二部分展示张华庆收藏的部分艺术名家的作品。日本前首相村山富市、中国著名书法篆刻大家高式熊、韩天衡、日本著名篆刻家师村妙石分别题写“张华庆大书法艺术馆”馆名和“九畲”斋号，韩国前国务总理李寿成，中国书法家协会主席苏士澍，顾问吴善璋等题词祝贺。由中国书法大家沈鹏先生封面题字的“墨海掬珠”张华庆 李冰 熊洁英大书法艺术作品集同时由开明出版社出版发行。

晚上6点在皇冠北九州大酒店举行“祝贺张华庆大书

法艺术馆开馆招待会”，日本北九州市长北桥健治，中国驻福冈总领事何振良，韩国原国务总理李寿成，台湾“中华书学会”会长张炳煌，日本国会原参议院议长江田五月分别致祝辞，中国硬笔书法协会主席、民进中央开明画院副院长张华庆致谢辞，日本第81任首相村山富市，中国民进中央开明画院等中国国内多家团体致电祝贺，日本北九书祭典委员会会长师村妙石，中国硬笔书法协会副主席兼秘书长李冰，监事长熊洁英，韩国碑林博物馆理事长许由等分别主持、介绍嘉宾、举杯致贺等。来自中国大陆，台湾、香港、澳门地区，日本，韩国等国家和地区百余位嘉宾参加晚会，招待酒会气氛热烈，洋溢着中、日、韩三国书法家的深厚友情，嘉宾们在致辞中盛赞张华庆大书法艺术馆在日本的开馆对弘扬中华文化、践行大书法起到了积极的推动作用，促进了中华文化汉字艺术在海外的普及。日本电视台在张华庆大书法艺术馆现场采访并在晚间报道了采访张华庆和大书法艺术馆的实况，西日本新闻等多家媒体报道了张华庆大书法艺术馆开馆的新闻。

张华庆致答谢辞

在张华庆大书法艺术馆会客厅，名誉馆长张华庆馆长李冰、执行馆长熊杰英与各国嘉宾合影

张华庆等陪同韩国前总理李寿成观看展览

张华庆等陪同日本国会参议院前议长江田五月观看展览

在张华庆大书法艺术馆开馆典礼上，张华庆、李冰、熊杰英与嘉宾合影

張華慶大書法藝術館

馆藏艺术品（一）

赵冷月　抱 璞

赵冷月（1915–2002）
上海市书法家协会副主席，上海文史馆馆员。
图为张华庆前往赵冷月先生家中请益，亲切合影留念。

杨仁恺　开张奇异联

杨仁恺（1915—2008）
书画鉴赏大家，书画大家，中国古代书画鉴定小组成员。
辽宁省博物馆名誉馆长，辽宁省文史馆名誉馆长
图为张华庆前往杨仁恺先生家中请益。张华庆与杨仁恺先生亲切合影留念。

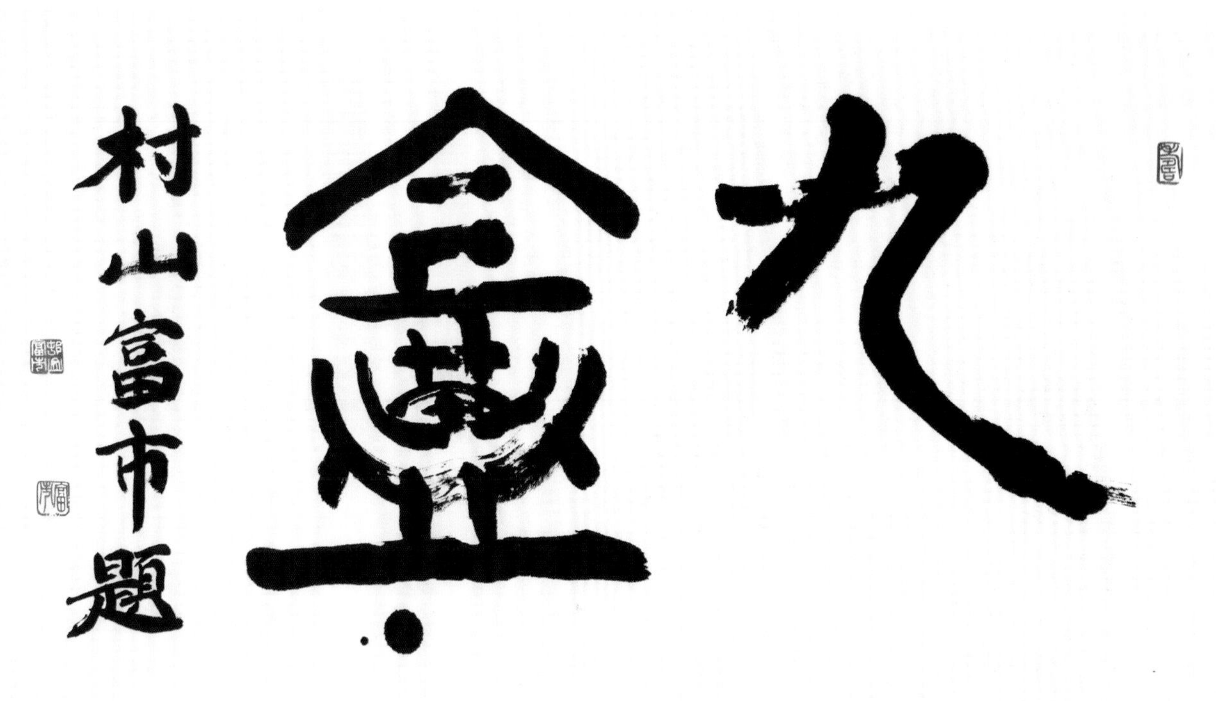

村山富市题　九龕

村山富市，政治家，日本第 81 任首相。
图为张华庆前往日本大分县，村山富市前首相家中拜访，与村山富市先生亲切交谈。

罗继祖（1913–2002 年）
中国知名金石学家、版本目录学家、历史学家、吉林大学教授。
图为张华庆前往罗继祖家中请益，与罗继祖先生合影留念。

罗继祖作品 明东北流人杨越自题画象

李寿成　长乐

李寿成
韩国前国务总理
首尔大学原校长
图为张华庆访问韩国期间，拜会李寿成先生亲切交谈合影留念。

沈鹏　墨海掬珠

沈鹏

中国书法家协会第三届、第四届主席

现任中国书法家协会名誉主席

图为张华庆在沈鹏先生家中，沈鹏先生为张华庆题字钤印。

仲夏
二〇二三年六月

藤濑冠村（1875–1951）日本著名书画家

滝和亭（1832–1901）日本著名画家

孙恩同（1923—）
著名美术教育家，关东画派创始人之一，鲁迅美术学院教授。

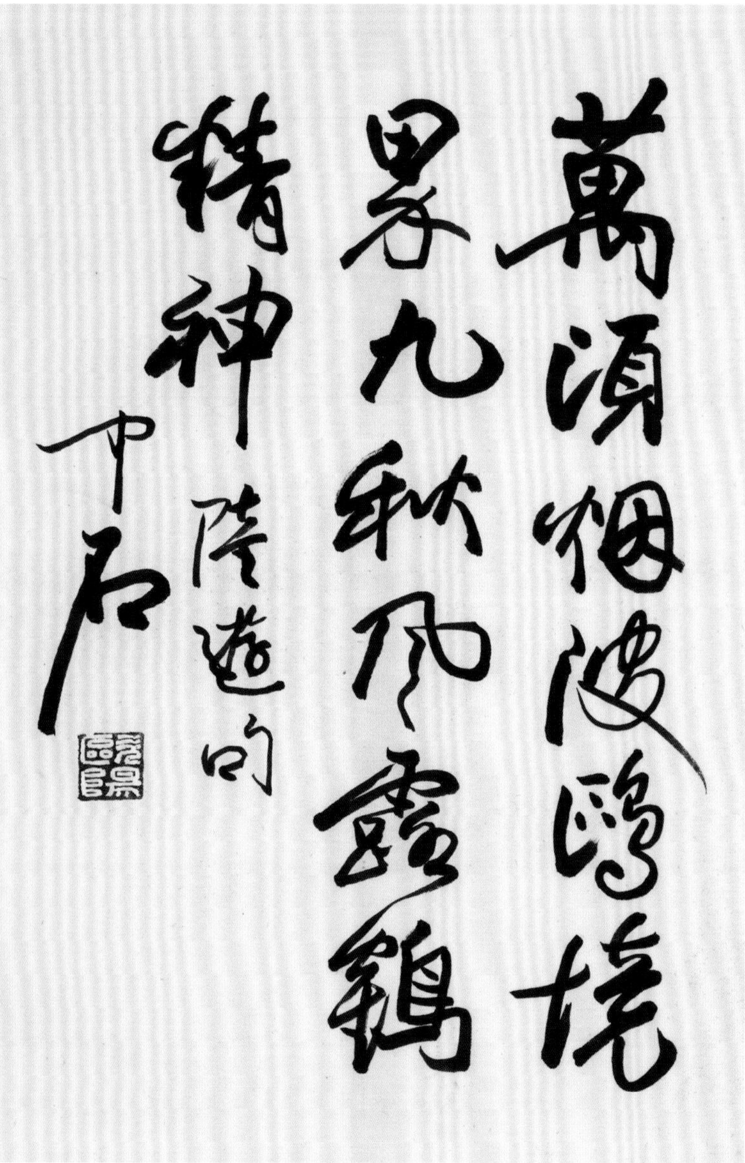

欧阳中石作品

欧阳中石
首都师范大学教授，博士生导师，曾任中国书法家协会顾问
图为张华庆在欧阳中石家中，欧阳中石为张华庆题字

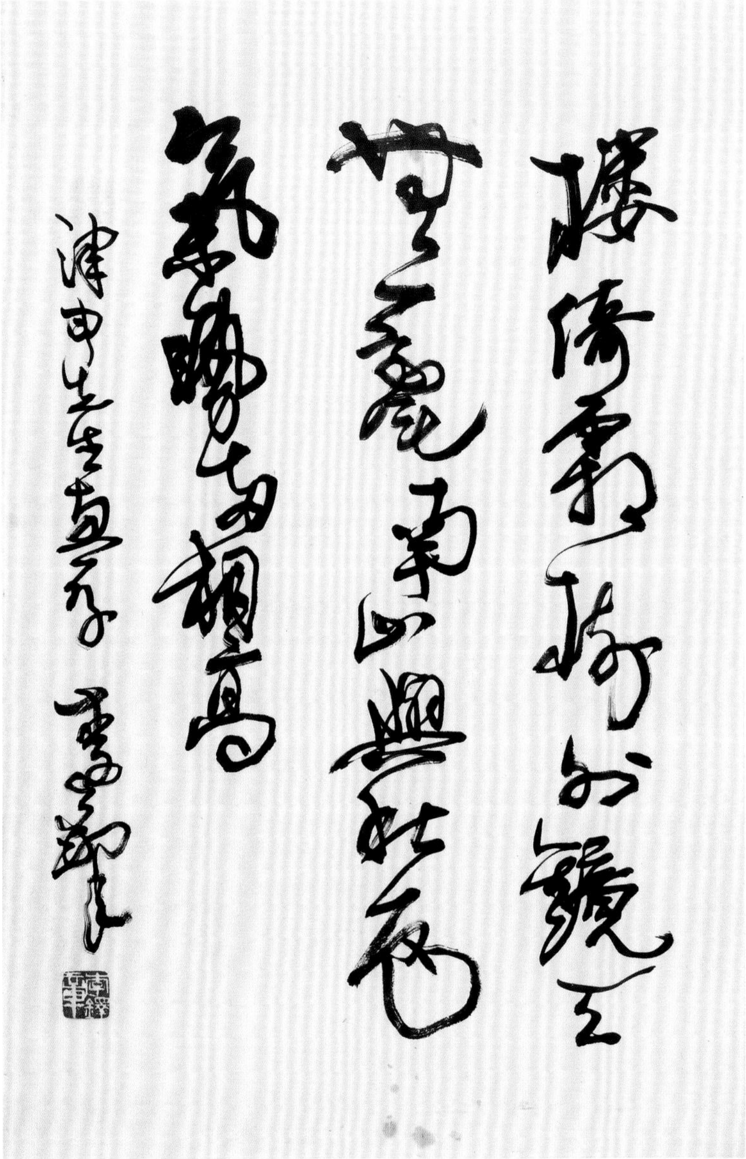

李铎作品

李铎
中国书法家协会顾问
图为张华庆与李铎先生亲切交谈合影留念

张海

中国书法家协会第五届、第六届主席。

图为张华庆在张海家中与张海先生亲切交谈合影。

张海作品 寒树鸟初动 霜桥人未行

苏士澍

中国书法家协会主席。

图为张华庆与苏士澍先生亲切合影。

苏士澍作品 墨海掬珠

吴善章
中国书法家协会第五届、第六届副主席。
现为中国书法家协会顾问
中国硬笔书法家协会名誉主席。
图为张华庆与吴善章先生亲切交谈。

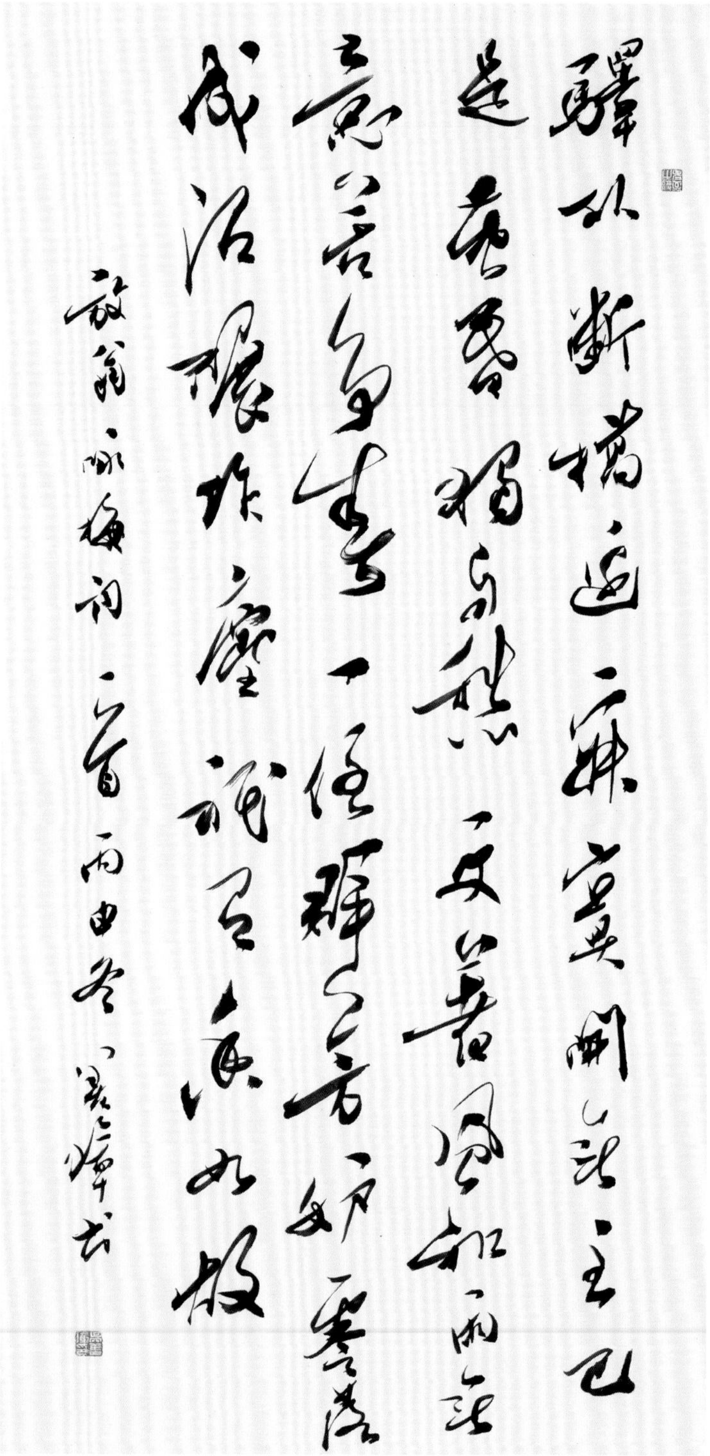

吴善璋作品　陆游《咏梅》词

陈嘉子国画山水作品

陈嘉子
台湾国际书法联盟理事长
台湾“中华书学会”顾问
图为张华庆访问日本札幌参加国际兰亭笔会
书法展览与陈嘉子亲切合影

廖祯祥作品　刘基诗《感怀》

廖祯祥，号萃庵、又号祥翁，台湾省基隆市人，生于 1926 年，台湾书法学会发起人，台湾标准草书学会顾问，祥门书会会长，基隆书道会名誉会长，澹芦书会顾问。

中国硬笔书法协会主席张华庆（左二）
副主席兼秘书长李冰（左一）
监事长熊洁英（左三）在台北拜望廖祯祥先生

中国大书法

资讯

“春天的故事·纪念改革开放四十周年——开明美术大展”在广州开幕
全国人大常委会副委员长蔡达峰出席开幕式

11月7日上午，“春天的故事——纪念改革开放四十周年2018年度开明美术大展”在广州开幕，全国人大常委会副委员长、民进中央主席蔡达峰，民进中央副主席王刚、高友东，广东省有关领导同志出席了开幕式。民进中央开明画院副院长张华庆陪同全国人大常委会副委员长、民进中央主席蔡达峰观看了展览。

图为民进中央开明画院副院长沈曙、张华庆、徐圭逊等陪同全国人大常委会副委员长、民进中央主席蔡达峰观展。

庆祝中华人民共和国成立七十周年 庆祝人民政协成立七十周年
民进开明书画展（黑龙江站）开幕式隆重举行
全国政协副主席刘新成出席开幕式

庆祝中华人民共和国成立七十周年、人民政协成立七十周年——民进开明书画展（黑龙江站）开幕式在黑龙江省哈尔滨市省政协一楼大厅隆重举行，全国政协副主席刘新成出席并宣布展览开幕，全国人大常委、民进中央副主席王刚主持开幕式，黑龙江省有关领导同志、民进中央社会服务部副部长刘文胜等和黑龙江省社会各界人士出席展览开幕式并参观了展览。

民进中央开明画院副院长、中国硬笔书法协会主席张华庆应邀出席了开幕式并陪同全国政协副主席刘新成，全国人大常委、民进中央副主席王刚等领导同志参观展览并做参展作品介绍。

张华庆陪同全国政协副主席刘新成观看展览。

中国硬笔书法协会第六届三次理事会暨2019年全国组联工作会议在京召开

会议认真学习习近平总书记在参加全国政协十三届二次会议文化艺术界、社会科学界委员联组会时的重要讲话

“纪念改革开放四十周年全国硬笔书法作品展”开幕式隆重举行

传承初心之志，创造艺术之美，以精品奉献人民，用明德引领风尚。中国硬笔书法协会第六届三次理事会暨2019年全国组联工作会议4月20日上午在北京诺德大厦隆重举行。来自全国各省、市、自治区和港澳台地区的400余位理事和代表出席会议。中国硬笔书法协会党支部书记、驻会副主席兼秘书长李冰主持了会议。

参加会议的理事和全体代表认真学习了习近平总书记2019年3月4日在参加全国政协十三届二次会议文化艺术界、社会科学界委员联组会时的重要讲话。

中国硬笔书法协会主席张华庆做六届理事会第三次会议工作报告，中国硬笔书法协会党支部书记李冰做2018年度中国硬笔书法协会党建工作报告。大会经过表决，增补才力、崔学奎为中国硬笔书法协会第六届主席团委员，增补王乾立、牛献忠、艾清、朱涛、任正国、孙长英、李靖、李桂金、李殿高、张军、张全民、黄友金、宿国锋、潘达、戴建成为中国硬笔书法协会第六届理事，增补杨远志、张方江、马永陆为名誉理事，任命赵洪生为副秘书长。根据团体会员的建议，依章程规定免去刘燕六届理事会理事，免去杜继双六届理事会名誉理事。

中国硬笔书法协会监事长熊洁英同志宣布了《中国硬笔书法协会理监事2018年度考核情况报告》。中国硬笔书法协会副主席丁谦宣布了《中国硬笔书法协会2018年党建工作先进集体的表彰决定》，中国硬笔书法协会副主席王讯谟宣布了《中国硬笔书法协会关于表彰2018年全国先进个人、先进单位的决定》。熊洁英宣布了“全国先进文艺工作者”名单。

下午，举行了“纪念改革开放四十周年全国硬笔书法作品展”开幕式，同时举行了中国硬笔书坛年度影响力人物的颁奖典礼，中国硬笔书法协会主席张华庆、国务院新闻办公室原副主任杨正泉，中共中央宣传部原秘书长、中央党史研究室原副主任王伟华，台湾“中华书学会”会长张炳煌，西日本书道协会会长、北九州书道祭典委员会会长师村妙石，韩国碑林博物馆理事长许由，俄罗斯现代书法博物馆馆长沙布罗夫，中国硬笔书法协会副主席李冰、丁谦、王讯谟、陈联合、张宝彤、高继承、司马武当、崔国强，顾问沈鸿根、李书忠，监事长熊洁英，荣誉副主席刘胄人、李岩选、郑文义、薛祥林、叶殿迎，副监事长寇学臣，主席团常委罗云、赵维勇、柳长忠，香港书法协会会长冯万如、香港硬笔书艺会会长舒荣孙、台北市中华儿童书法教育推广协会会长黄玉琴、北京市书法家协会顾问张世俊和来自国内各地包括港澳台地区以及日本、韩国、俄罗斯的书法代表团 500 余人出席了活动。

张华庆代表中国硬笔书法协会致开幕词。师村妙石、许由、沙布洛夫、张炳煌等分别致词。随后，举行了“纪念改革开放四十周年全国硬笔书法作品展”剪彩仪式。

颁奖盛典上，表彰了 2018 中国硬笔书坛年度影响力人物。李冰、丁谦、司马武当、熊杰英、薛祥林、罗云、赵维勇、娄耀敏、张况等获此殊荣。师村妙石、陈嘉子、高继承荣获 2018 年大书法国际交流年度成就奖，刘伶凤、宿国锋荣获 2018 年少儿书法教育年度成就奖，陈联合、崔国强、李岩选、谢连明、谢非墨荣获 2018 年中国硬笔书坛年度德艺双馨奖，寇学臣、梁秀、艾清、李敬伟、康建勋、冯万如、李伟宏、舒荣孙、欧耀南、欧志祺、赵洪生、陈楚、喻文全荣获 2018 年中国硬笔书坛榜样人物奖。颁奖期间还举行了文艺演出，娄耀敏、汪平主持了节目，柳长忠、陈楚、洪建才、管玉萍、张果成、林惠萍、汪晓红、张全民、李良等艺术家以及包含言小朋友纷纷献歌献舞，表演了精彩的文艺节目，赢得了大家的阵阵掌声。

现场，还举行了澳门书法院总顾问、名誉院长的聘任仪式，张华庆受聘为澳门书法院总顾问，李冰、熊洁英分别受聘为名誉院长。澳门书法院副院长马腾等颁发了证书。

中国硬笔书法协会终身名誉主席庞中华，名誉主席韩亨林，名誉主席、中国书法家协会顾问吴善璋，顾问李景杭，分别发来贺作祝贺活动圆满成功。

颁奖典礼结束后，代表们兴致勃勃地观看了展览，并纷纷合影留念，留住这难忘的时刻。

当下，中国硬笔书法协会全面学习贯彻落实党的十九大精神，高举习近平新时代中国特色社会主义思想的伟大旗帜，时刻牢记以人民为中心，为人民书写，为人民抒情，为人民抒怀的艺术创作宗旨，坚定文化自信，把握时代脉搏，聆听时代声音，坚持与时代同步伐，传承初心之志，坚持崇德尚义，奋进新时代，砥砺新担当，展现新作为。通过展览涌现出一大批高水平的作者，他们代表了我们这个时代硬笔书法艺术的风貌，可谓百花盛开春满园。

（中硬书协）

会议伊始，全体起立，
奏唱中华人民共和国国歌

会议认真学习习近平总书记参加全国政协十三届二次会议文化艺术界、社会科学界委员联组会时的重要讲话

展览开幕式剪彩仪式

2018 年中国硬笔书坛年度影响力人物颁奖仪式

张华庆与出席展览开幕式的中外嘉宾合影留念

张华庆、李冰、熊洁英与出席展览的港澳嘉宾合影留念

中国硬笔书法协会六届三次理事会暨 2019 年全国组联工作会议合影

伟大的中国书法与国画
一带一路书画展览在莫斯科隆重开幕

9月20日，由莫斯科现代书法博物馆、俄罗斯书法家协会和索科利尼基博物馆教育中心联合主办的“伟大的中国书法与国画·一带一路书画展”在莫斯科索科利尼基公园开幕。俄罗斯国家杜马第一副主席、俄中友好协会主席梅利尼科夫，中国驻俄罗斯大使馆公使苏方遒，俄国家杜马教育与科学委员会副主席杜哈尼娜，俄中友协第一副主席嘉丽娜–库利科娃，中国驻俄罗斯大使馆文化参赞龚佳佳，莫斯科现代书法博物馆馆长沙布罗夫，中国硬笔书法协会主席张华庆、副主席兼秘书长 李冰、监事长熊洁英，中国中央国家机关书法家协会常务副主席罗美富等中外嘉宾出席了展览开幕式。

梅利尼科夫在展览开幕式上致辞中表示，人文领域的合作是中俄两国全方位合作的重要组成部分。最近的社会调查结果显示，俄罗斯公民对中国人的生活、中国文化和语言的兴趣越来越浓厚。中国文字是世界上最古老的文字之一，在相当长的历史过程中，中国书法作品不仅成为了保存信息、交流信息的载体，更是演变成一种独特的艺术形式。本次展览展出的是来自中国不同省份、不同流派书画家的作品，相信到访者一定能够从中领略到书画艺术的深奥和独特魅力。

张华庆代表嘉宾致辞，热烈祝贺“伟大的中国书法与国画·一带一路书画展”在莫斯科隆重开幕。张华庆表示，相信这次展览的成功举办对两国人民之间的文化交流将起到积极的推动作用，祝中俄两个伟大国家的友谊万古长青，中俄两国之间的文化交流越来越好。

苏方遒在展览开幕式上致辞中表示，文化交流是中俄关系发展的重要组成部分，今年正值新中国成立70周年和中俄建交70周年，“伟大的中国书法与国画·一带一路书画展”的举办具有非同寻常的意义。书法不仅是一种艺术形式，更是一种哲学理念，是人与人心灵沟通的方式，它将在中俄两国人民之间架起一座相互了解的桥梁。

张华庆在接受中俄新闻媒体采访时介绍，此次展览来自中国各省、市、自治区包括港澳台地区有代表性的书法名家都有作品参展。作品种类丰富，包含了毛笔书法、硬笔书法、篆刻、刻字等多种创作形式，涵盖了楷、行、草、隶、篆各书体，表现形式丰富多彩，形制多样，有中堂、斗方、条幅册页手卷等。这些精美的大书法作品代表了中国当下大书法艺术的最高水平，汉字书法的文化精髓和魅力也得到了充分体现。

专程赴俄罗斯参加展览系列活动的中国硬笔书法协会书法代表团成员梁秀、赵洪生、黄德杰、陈辉、黄友金、李淼焱、王筱茹、李双和、刘伶凤、徐维国、李兵兵、李晶晶、白泓波、吕晓琳、郑素华、王强、吴双、尚海、龚主、龚雷雷等与国内数家书法社团组织的参访团的成员参加了开幕典礼。

据悉，本次展览共将展出420余位中国书画家的数百幅作品。此外，展览期间还将举办茶艺表演、传统乐器演奏、文艺演出和书法绘画体验班等，让俄罗斯参观者多方位感受中国文化的独特魅力。

20日上午，中国硬笔书法协会主席张华庆，黑龙江省政协书画院院长赵学礼，中国硬笔书法协会副主席兼秘书长李冰，监事长熊洁英，编辑工作处副处长李淼焱等应邀前往俄罗斯联邦议会，拜访了俄罗斯联邦议会第一副主席谢尔盖·米钦，与其进行友好谈话并合影留念。

俄罗斯国家杜马第一副主席、俄中友好协会主席梅利尼科夫发表讲话

中华人民共和国驻俄罗斯大使馆公使苏方道致辞

中国硬笔书法协会主席、民进中央开明画院副院长张华庆致辞

中国硬笔书法协会主席、民进中央开明画院副院长张华庆致辞

张华庆与俄罗斯国家杜马第一副主席、俄中友好协会主席梅利尼科夫合影

张华庆、李冰、熊洁英、梁秀、李森焱与俄罗斯国家杜马第一副主席、俄中友好协会主席梅利尼科夫合影

张华庆向莫斯科现代书法博物馆馆长沙布罗布赠送礼品

张华庆、李冰、熊洁英、梁秀和梅利尼科夫、苏方道、杜哈尼娜等出席开幕典礼主要嘉宾合影

出席展览开幕式的主要嘉宾合影

张华庆与俄中友协第一副主席、中华人民共和国“友谊勋章”获得者嘉丽娜·库利科娃合影（中国国家主席习近平9月17日签署主席令，授予库利科娃“友谊勋章”）

张华庆一行和莫斯科国立国际关系大学阿列克萨欣教授、李秋梅教授合影

张华庆等和俄罗斯联邦议会第一副主席谢尔盖·米钦合影

张华庆一行和中国驻俄罗斯大使馆公使苏方道合影

庆祝中华人民共和国成立 70 周年
祖国万岁
全国第四届硬笔书法家大书法作品国展终评在天津举行

为庆祝中华人民共和国成立 70 周年，全面贯彻习近平新时代中国特色社会主义思想和十九大精神，进一步“弘扬中华文化、践行大书法”，由中国硬笔书法协会举办的庆祝中华人民共和国成立七十周年“祖国万岁”全国第四届硬笔书法家大书法作品国展终评 7 月 4 日至 7 月 6 日在天津举行。

第四届国展自征稿启事发布以来，经过 5 个多月的时间征稿，收到来自全国各地的硬笔书法、毛笔书法、篆刻、刻字作品万余件，创下中硬书协历届国展各类投稿作品（硬笔书法、书法、篆刻、刻字）数量之最。书法作品创作形式有册页、手卷、小品等，创作书体涵盖了包括甲骨文、金文、简帛书等在内的篆隶楷行草等多种书体，刻字和篆刻作品创作形式新颖，可谓精品层出不穷。

根据《中国硬笔书法协会评审委员会产生办法》组成全国第四届硬笔书法家大书法作品国展评监审委员会。张华庆担任评审委员会主 任，李冰、丁谦、陈联合、张宝彤、高继承、司马武当、崔国强、熊洁英担任副主任，秘书长由熊洁英兼任。梁秀、吴峰任副秘书长。评审委员为：沈鸿根（学术）、西中文（学术）、李岩选（学术）、张况（学术）、张俊（学术）、赵国柱、刘青人、罗云、赵维勇、柳长忠、寇学臣、许雪明、高宝玉、李庆绿、 唐明党、魏国平、李兴祥、曹心源、 欧耀南、颉林、方鸣、朱涛、何文祥、黄德杰、王洪宇、王乾立、卓勇利、宋莹川。监审委员会主任为王讯谟，副主任为李书忠、薛祥林，秘书长由王瑞锋担任，李殿高担任副秘书长，崔学奎、 舒荣孙、 欧志祺、宋天语、刘嘉玥任监委。

通过一个多星期的初评和全体评委的复评，近千件大书法作品进入了终评。6 日上午，四届国展终评评审会议在评审现场召开。熊洁英主持会议，李冰代表评审委员会宣读了全国第四届硬笔书法家大书法作品国展《评审委员守则》《评审标准》《监审委员守则》和《学术观察员守则》，中国硬笔书法协会主席、评委会主任张华庆发表讲话。张华庆指出：“大书法四届国展要秉承公平、公正、公开原则，全体评监委要不辱使命，认真做好评审工作。要做到讲政治、懂规矩、守纪律，以高度认真、负责的态度圆满完成任务。要不忘初心之志，创造艺术之美，用精品奉献人民，

用明德引领风尚”。终评以计票形式进行。经过评委严格、认真的评审，最终评出入展作品 360 余件。其中硬笔书法作品 200 件左右（册页、手卷组 100 件，小品组 100 件），书法作品 100 件左右，篆刻作品 30 件左右，刻字作品 30 件左右。

据悉，评审工作正式结束后，将公示评审结果。在评审工作总结会议上，张华庆做了总结讲话，高度评价本次大书法国展的投搞水平。张华庆认为，这次国展是中国硬笔书法协会弘扬中华文化，践行大书法创作的一次大检阅，展览的评审工作很成功。中国硬笔书法协会在今后的工作中要以习近平新时代中国特色社会主义思想为指导，全面贯彻落实党的十九大精神，加强学习力、思想力、创造力、凝聚力、执行力，以奋斗的精神推动大书法的践行，携手走进新时代，共创新辉煌，为中华民族伟大复兴的中国梦做出贡献。

最后，张华庆代表中国硬笔书法协会为第四届国展评委、监委颁发了证书。（中硬书协）

庆祝中俄建交 70 周年
“伟大的中俄书法展”在俄罗斯国家杜马举行

5 月 28 日，庆祝中俄建交 70 周年“伟大的中俄书法展”在俄罗斯国家杜马举行。中华人民共和国驻俄罗斯联邦特命全权大使李辉，俄国家杜马教育和科学委员会主席尼科诺夫・维亚切斯拉夫、副主席柳博维・杜哈尼娜，国家杜马国际事务委员会主席列昂尼德・斯卢茨基，副主席、中华人民共和国议会关系副代表协调员阿列克谢・切帕，俄罗斯联邦外交部第一亚洲司司长格奥尔基・季诺维也夫，国务秘书兼俄罗斯联邦文化部副部长阿尔拉・马尼洛瓦，国家杜马民间社会发展委员会主席、公共和宗教协会问题专家谢尔盖・加夫里洛夫，诺夫哥罗德地区第一副区长、诺夫哥罗德地区政府负责人谢尔盖・索罗金，俄亚工业家和企业家联盟总裁维塔利・蒙克维奇，哈萨克斯坦共和国文化和体育部、国家手稿及珍本中心主任然多斯・博尔德科夫，圣彼得堡人世界俱乐部董事会主席瓦连季纳・奥尔洛瓦，“圣彼得堡珍本书”出版社总经理彼得・苏斯皮岑，全国书法家联盟主席、俄罗斯艺术家联盟成员彼得・乔比季科，俄罗斯艺术家专业联盟成员尤里・科韦尔佳叶夫，俄罗斯现代书法艺术博物馆馆长阿列克谢・萨布罗夫，中华人民共和国驻俄罗斯大使馆文化参赞、莫斯科中国文化中心主任龚佳佳，中华人民共和国大使馆第二秘书王睿，中国硬笔书法协会党支部书记、副主席兼秘书长李冰、监事长熊洁英，上海市政府外事办副主任景莹率领的上海代表团，黑龙江省政协书画院院长赵学礼，CCTV 高级记者王亚峰等以及俄国家杜马议员及俄外交部、文化部和两国媒体代表、书画爱好者近 200 人出席开幕式。

发布会由杜哈尼娜主持，李辉、阿列克谢・切帕、阿尔拉・马尼洛瓦、谢尔盖・加夫里洛夫、瓦连季纳・奥尔洛瓦、景莹、李冰、沙布罗夫等先后致辞。

李辉大使在致辞中表示，我们欣慰地看到“伟大的中俄书法展”的举行。相信这次展不仅有助于增进俄罗斯民众对中国书法艺术的理解，也将有助于加深两国文化领域的交流与合作。中国大使馆将一如既往地支持双方在文化等各领域继续开展友好交往与合作，积极构建中俄文化命运共同体。

李冰代表因参加外事活动而未能出席开幕式的中国硬笔书法协会张华庆主席和同行的监事长熊洁英向参加开幕式的各界朋友表示亲切的问候！李冰说，中国和俄罗斯都具有悠久历史和灿烂的文化，是两个地域辽阔、毗邻而居的全球性大国。近年来，两国在经济文化等领域的交流合作达到了前所未有的高度，有力地促进了世界的政治经济多极化趋势。中国硬笔书法协会做为中国最大规模的书法团体，近年来在弘扬中华文化、践行大书法理念方面取得了很好的成绩。中国硬笔书法协会将进一步加强与俄同行交流，以实际行动助力两国文化合作，李冰在致辞中表示，相信“伟大的中俄书法展”一定会为增进中俄两国人民的友谊，为中俄的文化交流做出积极的贡献！祝“伟大的中俄书法展”取得圆满成功，祝愿中俄两国人民的友谊之树常青。开幕式上，李冰接受了中国国际广播电台、中国国际广播电视网络台等新闻媒体的采访。开幕式结束后，李冰、熊洁英等参加了在俄罗斯国家杜马举行的招待晚宴。

该展览引起了公众的极大兴趣。在开展的第一天，大约有 1000 位参观者。本次展览将传播的重要文化信息是将俄罗斯和中国艺术结合起来的就是智慧、耐心、对历史文化的尊重。展览中展出的独特书法作品反映了保留传统书写和书法的重要性，它们不仅是作为展出的艺术作品，也激发每一代人保持对本民族文字的热爱和对完善自我的渴望。（俄书博）

中华人民共和国驻俄罗斯大使李辉发表致辞

中国硬笔书法协会党支部书记、副主席兼秘书长李冰发表致辞

李冰、熊洁英与李辉大使亲切交谈

李冰、熊洁英与杜哈尼娜副主席在杜马合影

俄罗斯现代书法艺术博物馆馆长阿列克谢・萨布罗夫发表致辞

开幕式主要嘉宾在俄国家杜马合影

庆祝中华人民共和国成立70周年 祖国万岁 全国第四届硬笔书法家大书法艺术作品国展（毛笔展区）开幕仪式在河北固安隆重举行

8月14日，“庆祝中华人民共和国成立70周年 祖国万岁 全国第四届硬笔书法家大书法艺术作品国展”（毛笔展区）开幕仪式在河北省固安县文博馆隆重举行。本次展览由中国硬笔书法协会主办，中共固安县委、固安县人民政府承办，河北省硬笔书法协会、廊坊市硬笔书法协会协办。是全面贯彻落实习近平新时代中国特色社会主义思想和党的十九大精神，弘扬中华文化、践行大书法的重要举措，同时也是为2019廊坊市文化旅游产业发展大会预热，深入推进文旅融合，推动固安文化事业大发展、大繁荣，开创文旅工作新局面，以崭新面貌向祖国70华诞献礼。

出席本次展览开幕式的嘉宾有：中国硬笔书法协会主席张华庆，十八届中纪委委员、中央纪委驻司法部原纪检组组长、党组成员、中国硬笔书法协会名誉主席韩亨林，中国硬笔书法协会党支部书记、驻会副主席兼秘书长李冰，副主席高继承、司马武当、张宝彤，监事长熊洁英，副监事长寇学臣，常务副秘书长高宝玉，廊坊市人大原党组副书记、副主任、廊坊市硬笔书法协会名誉主席王瑞锋，中共固安县委、县人大、县政府、县政协主管领导滑志勇、李占云、白金雁、曹文芳，以及廊坊市委宣传部、市文化广电和旅游局和固安县委宣传部、县网信办、县文化广电和旅游局主要负责同志和本次大展获奖作者代表及廊坊市及各县（市、区）硬笔书法协会代表、固安县各文艺协会（院、馆）负责人、文化工作者、文艺爱好者200余人。

开幕式伊始，全体起立，奏唱《中华人民共和国国歌》，为祖国母亲祝福。中共固安县委常委、宣传部长滑志勇致欢迎辞，王瑞锋讲话，李冰宣布了本次展览获奖名单，熊洁英公布了入展名单。韩亨林、王瑞锋、滑志勇为到场的获奖作者杨树玉、夏能位、夏红颁奖。张华庆主席发表了讲话，他讲道：此次国展是中国硬笔书法协会弘扬中华文化，践行大书法创作的一次大检阅，中国硬笔书法协会在今后的工作中要以习近平新时代中国特色社会主义思想为指导，全面贯彻落实党的十九大精神，加强学习力、思想力、创造力、凝聚力、执行力，以奋斗的精神推动大书法的践行，携手走进新时代，共创新辉煌，为中华民族伟大复兴的中国梦做出贡献。

最后，韩亨林宣布展览开幕。主席台上全体嘉宾共同启动了“庆祝中华人民共和国成立七十周年‘祖国万岁’全国第四届硬笔书法家大书法作品国展”开幕仪式。

本次国展毛笔展区展出优秀作品、入展作品共100件，入选作品200件，优秀作品作者：杨树玉、夏能位、夏红、李灿钿、张凯、江中元。

（中国硬笔书法协会）

全国第四届硬笔书法家大书法艺术作品国展（毛笔展区）展览开幕式启动仪式举行

嘉宾观看展览

张华庆主旨讲话

韩亨林宣布展览开幕

开幕式现场

第八届全国少年儿童书法、硬笔书法暨规范字书写大赛现场决赛和颁奖典礼隆重举行

来自全国各地 2300 余名少年儿童分组参加了五场现场决赛暨颁奖典礼，张华庆任总评委，李冰、熊洁英任副总评委，国际少年儿童大书法交流展开幕

7 月 20 日至 28 日，由中国最大规模书法团体——中国硬笔书法协会主办的“庆祝中华人民共和国成立 70 周年 第八届全国少年儿童书法、硬笔书法暨规范字书写大赛”（简称少儿书法国赛）现场决赛和颁奖典礼在陕西大会堂举行。

少儿书法国赛在全国 29 个赛区进行海选，选手遍布全国 34 个省、市、自治区及台湾地区和香港、澳门特别行政区。少儿书法国赛以“弘扬中华文化，践行大书法”为宗旨，坚持以赛促教、以赛促学，贯通毛笔书法、硬笔书法和规范汉字，成为海内外最受瞩目的少儿书法赛事，获得海内外书画界、教育界高度好评。

本届少儿书法国赛现场比赛分规范字小低组、小中组、小高组、中学组，硬笔书法低龄组、硬笔书法高龄组和毛笔书法组，共有 2300 余名少年儿童参加现场决赛。比赛分别在 7 月 20 日、22 日、24 日、26、28 日举行。

第八届少儿书法国赛由中国硬笔书法协会主席张华庆担任总评委，中国硬笔书法协会党支部书记、驻会副主席兼秘书长李冰，中国硬笔书法协会监事长兼少儿书法工作分会会长熊洁英担任副总评委。

20 日小低 / 中学组评委为才力、黄玉琴（中国台湾）、陈楚（中国香港）、崔学奎、陈辉、赵洪生、艾清、宿国锋、唐勇群。

22 日小中组 / 小高组评委由才力、李文侠、黄玉琴（中国台湾）、陈楚（中国香港）等担任。24 日硬笔书法低龄组评委为高继承、李文侠、黄玉琴（中国台湾）、冯万如（中国香港）、何正一（中国台湾）、欧耀南（中国澳门）、黄德杰、宋莹川、王筱茹、李子生。

26 日硬笔书法高龄组评委为高继承、黄玉琴（台湾）、冯万如（香港）、何正一（台湾）、欧耀南（澳门）、黄德杰、宋莹川、孙长英、李刚山。

28 日毛笔书法组评委为高继承、许由（韩国）、高桥里江（日本）、丁如霞（日本华侨）、黄玉琴（中国台湾）、 娄耀敏（中国香港）、梁秀、陈辉、黄德杰、刘嘉玥、谢李发生。

现场决赛凸显科技办赛，采用赛场评分排名管理系统，现场抽题，现场比赛，比赛作品展示在 LED 电子大屏幕，观众同场观赏，评委全程实时打分，做到公开、公平、公正。7 月 20 日，在第一场颁奖典礼上，中国硬笔书法协会张华庆主席发表主旨讲话，代表中国硬笔书法协会对这规范汉字小低组及中学组的两组决赛选手表示最热烈的欢迎！对国赛小低组跟中学组的决赛取得圆满成功表示最热烈的祝贺！对各位小朋友们和家长们、老师们来参加此次盛会衷心感谢！张华庆表示：当下中国硬笔书法协会全面学习贯彻落实党的十九大精神，高举习近平新时代中国特色社会主义思想，弘扬中华文化，践行大书法。践行中国硬笔书法协会提出来的两大工作任务“让亿万人写好汉字，提高汉字的书写水平，提高硬笔书法艺术的创作水平”，我期待着我们共同努力，走进这个伟大的新时代，共创新辉煌。

八名优秀书法教师荣获“2019年度全国规范汉字书写推广大使”

出席第八届少儿国赛全体评委照片和进入总决赛的2300余名少年儿童名单

最后他勉励全国少年儿童好好学习，天天向上。为实现中华民族伟大复兴的中国梦做出贡献。后面四场比赛分别由李冰、熊洁英讲话。张华庆分别宣布五场颁奖典礼开幕，在紧张又精彩的展评后，就是激动人心的颁奖时刻了！颁奖典礼上选手、老师、家长们与海内外书法名家齐聚一堂，星光璀璨，兴高采烈。节目汇演、幸运抽奖、嘉宾颁奖环节交错进行，整个颁奖典礼惊喜连连，高潮迭起。在28日的颁奖典礼上，同时公布“2019年度规范汉字书写推广大使”名单并颁发奖牌，他们是李敬伟、刘伶风、艾清、徐维国、刘嘉玥、唐勇群、李雪燕、杨利国。

与前几届现场比赛不同的是，比赛现场还同时举办国际少年儿童大书法交流展。展览汇集了国内及日本、韩国，中国台湾地区和香港及澳门特别行政区100幅作品。

庆祝中华人民共和国成立70周年第八届少儿国赛现场比赛圆满落幕了，选手们表示参加比赛不仅仅是学习写字和书法的成果检验，也是友谊的升华，更是视野的拓展！少儿书法国赛将一届一届办下去，不忘初心，牢记使命，弘扬中华文化，践行大书法是比赛的宗旨，我们要加强思想力、学习力、凝聚力、创造力、执行力，用奋斗的精神践行大书法，为繁荣发展社会主义文化，建设社会主义强国，作出新的更大的贡献！（中硬书协）

丝路绽放·中韩书画艺术作品展在西安开幕

10月15日，丝路绽放·中韩书画艺术作品展在西安关中书院隆重开幕。韩国前国务总理李寿成，中国硬笔书法协会主席、民进中央开明画院副院长张华庆，韩国驻西安总领事馆总领事金炳权，韩国碑林博物馆理事长许由，中国硬笔书法协会党支部书记、副主席兼秘书长李冰，副主席高继承，监事长熊洁英，中共陕西省委外事办二级巡视员李军等出席开幕式。李寿成、张华庆、金炳权、许由、李军等分别致辞，韩国十余名知名书画家，韩国碑林园总务理事徐淑莲，弘报理事张来天，韩国画报社社长高光熟专程赴西安出席展览活动。陕西省硬笔书协副主席谭大林、执行秘书长徐云杨等西安社会各界人士出席了展览系列活动。

首届全澳中小学学校教师书法比赛评审工作在澳门举行

【澳门日报】10月18日讯，澳门书法院举办的“首届全澳中小学学校教师书法比赛”举行了评审工作。是次比赛有本澳25间中小学的132名教师参与，共收到89件硬笔作品及43件毛笔作品。昨日，由中国硬笔书法协会主席张华庆、书记李冰、监事长熊洁英，台湾高雄师大教授蔡根祥任评审，评选出各奖项获得者。

评审工作于昨日下午三时假万豪轩酒家举行。张华庆表示，是次参赛作品的书体种类多，总体水平尚可，当中部分作品水平甚高，看到澳门教师的基本功扎实。认为通过该项比赛有助传承中华文化，推动本澳书法教育和书法创作水平，尤具意义。

是次比赛在本澳首次举行，分为毛笔、硬笔两组，规定毛笔字不少于十个，硬笔字不少于40个，毛笔组及硬笔组的比赛内容为健康正面励志的诗词歌赋、格言等，书体没有限制。

各组别设金、银、铜奖及入选奖，得奖名单将于近期公布，并于11月9日假万豪轩酒家，举行颁奖礼及展览。

张华庆一行在澳门期间，受到澳门书法院院长欧耀南及澳门硬笔书法家协会会长欧志祺等同道的热情接待。

评委（前排左起）：熊洁英、李冰、张华庆、蔡根祥

张华庆等一行应邀访问日本开展文化交流

日本群马县知事山本一太与中国硬笔书法协会主席张华庆等一行亲切会见

8月17日，中国硬笔书法协会主席、民进中央开明画院副院长张华庆，中硬书协驻会副主席兼秘书长李冰、监事长熊洁英、副秘书长赵洪生一行从北京乘飞机前往日本访问交流。

17日抵达日本福冈县北九州后，晚上在北九州张华庆大书法艺术馆与日本著名篆刻家师村妙石等亲切聚会。18日下午前往北九州三笠屋，北九州书道祭典委员会设招待宴会欢迎张华庆主席一行，师村妙石、张华庆分别致辞，宴会洋溢着欢乐友好的气氛。

19日下午，张华庆一行乘飞机抵达东京。20日早，张华庆一行在日本丁鹤庐研究会会长丁如霞、事务局长宫川佳代子，日本电视台（NTV）新闻部资深著名记者蒋铮等陪同下乘新干线前往群马县高崎市访问。抵达高崎市后，受到日本读卖书法会评议员今成清泉、谦慎书道会理事町田菁华等的亲切迎接。张华庆一行前往群马县政府大楼拜会群马县知事三本一太。张华庆一行抵达政府大楼，在大楼门口受到群马县政府生活文化部部长角田淑江、文化振兴课东国文化推进室室长佐腾贵昭的迎接，张华庆一行在角田部长等引领下，前往群马县知事会客厅。10点30分，山本一太知事准时到达会客厅与张华庆等亲切握手会见。山本知事首先对张华庆一行访问群马县表示热烈欢迎，他表示十分高兴地了解到中国硬笔书法协会是中国最大规模的书法团体，期待这次对群马县的访问能够加强日中友好和对开展文化交流起到积极作用。他谈到七月当选群马县知事后与安倍首相见面，首相告诉他日中关系很重要，他表示衷心期待习近平主席明年对日本的访问获得圆满成功。张华庆在谈话中首先祝贺山本一太当选群马县知事，对山本知事百忙之中与我们会见表示衷心感谢。张华庆表示通过这次访问，今后将加强中国硬笔书法协会与日本群马县的文化交流，择时将联合举办大书法展览。张华庆向山本知事介绍了大书法理念和中国硬笔书协活动开展情况，山本知事非常高兴地表示期待日中大书法展览的举办。会见始终充满了亲切友好的气氛。会见后双方亲切合影留念并互赠了礼品。

（左图）张华庆接受日本群马县知事三本一太赠送礼品

（右图）左起：熊洁英、丁如霞、三本一太、张华庆、李冰、赵洪生合影

山本一太是日本著名政治家，连续当选三届日本参议院议员，历任外务政务次官、参议院外交防卫委员长、外务副大臣等职务，2012年被任命为安倍内阁的内阁府特命担当大臣。山本一太对华友好，在谈到日本侵华战争时曾对媒体说："在任何情况下，我们都没有发动战争的合法理据，那场战争是错误的。其实日本政府也已经承认在过去犯了错误，给邻国的人民造成了伤害。那场战争本身就是一场侵略，尤其是对于亚洲人民，比如中国和韩国来说"。

20日下午，在角田淑江、佐藤贵昭和群马县企画部世界遗产课课长上原克之陪同下，张华庆一行参观了"上州人宰相馆"，馆内介绍了在群马县出身的四位日本政府总理福田赳夫、中曾根康弘、小渕惠三、福田康夫的生平事迹，特别之处是刊登的几张四位日本原首相的生平照片中都有与中国的友好交往的照片。张华庆一行应邀参观了群马县被登录"世界记忆"的上野三碑，"多胡碑"，"山上碑"，"金井泽碑"。在高崎市教委多胡碑纪念馆受到馆长白云修，次长汤浅贵弘，主任学艺员和因健一的亲切接待，饶有兴趣的认真听了解说员的详细介绍，白石修馆长向张华庆一行赠送了上野三碑原迹拓片，张华庆向日方赠送了"中国大书法"丛刊，"墨海掬珠"作品集等。晚上日本丁鹤庐研究会会长丁如霞女士设晚宴盛情款待张华庆一行。

21日上午，张华庆一行在高崎市教委事务局教育部文化财保护课课长角田真也陪同下，应邀参观了日本国家指定史迹旧富冈制丝场。下午应邀到日本著名书法家今成清泉家中做客，今成清泉夫人和日本女茶道师以日本茶道热烈欢迎张华庆一行，张华庆、李冰、熊洁英等观看了今成清泉收藏的中国古代和近现代书画作品，双方互赠了礼物。下午张华庆一行乘新干线返回东京。22日张华庆一行圆满结束日本访问交流之行返回北京。

张华庆等一行与群马县知事三本一太亲切会见

张华庆等一行与日本著名篆刻家师村妙石等亲切聚会

张华庆等一行应邀到日本著名书法家今成清泉家中做客

张华庆等一行应邀赴韩国、日本访问交流

张华庆一行在韩国与韩前总理李寿成亲切聚会
访日期间参观了日本创价学会本部、日本民音音乐博物馆

9月28日至10月2日，中国硬笔书法协会主席张华庆、副主席兼秘书长李冰、监事长熊洁英、副秘书长赵洪生应邀赴韩国访问交流。

10月1日，在伟大的中华人民共和国成立七十周年的喜庆日子里，韩国前总理李寿成先生与张华庆一行亲切聚会。李寿成与张华庆等见面时首先表示对中国国庆节的祝贺，向张华庆一行表达美好祝福。李寿成说，韩中友好千年，虽然我们是两个国家，但我们见面如家人一样亲切，非常高兴见到老朋友。张华庆等向李寿成先生表达美好的祝福。中国硬笔书法协会海外顾问许由、海外名誉理事崔昌植、翻译徐淑莲等陪同见面。访问韩国期间，张华庆一行还应邀前往韩国在乡警友会访问，受到韩国在乡警友会副会长金成喆、代表理事李元玉、副代表纪成泰、理事金钟昊等热情接待。

10月3日至10日，中国硬笔书法协会主席张华庆、监事长熊洁英一行赴日本访问交流。4日，张华庆等在福冈北九州张华庆大书法艺术馆亲切接待了前来拜访的日本著名篆刻家师村妙石及夫人。

9日下午，张华庆、熊洁英等在日本丁鹤庐研究会会长丁如霞、事务局长宫川，日本电视台著名媒体人蒋峥等的陪同下、前往日本创价学会本部，受到了编集总局资料主事加仓井惠一先生的亲切接待。双方进行了亲切交谈，互赠礼物。张华庆请加仓井转达对池田大作前会长的亲切问候，张华庆等前往民音音乐博物馆，受到日本民主音乐协会常务理事、公益本部长村田英夫、民音音乐博物馆馆长野泽晃的亲切接待。在博物馆音乐厅，张华庆等参观了博物馆收藏的世界各地名贵的钢琴，二位女演奏员分别为张华庆一行专门演奏了贝多芬、莫扎特、肖邦的钢琴名曲。张华庆等又前往株式会社太平洋观光社参观了展厅、杂志社等，熊洁英与孟莹主管就今后的文化艺术交流进行了洽谈。

张华庆等向李寿成赠送《祖国万岁·全国第四届硬笔书法家大书法艺术作品国展作品集》

①张华庆一行应邀前往韩国在乡警友会访问
②张华庆等在丁如霞、宫川等陪同下，在日本创价学会本部参观
③张华庆等在北九州张华庆大书法艺术馆接待日本著名篆刻家师村妙石及夫人师村花香
④张华庆一行与李寿成等亲切聚会

“祖国万岁”全国第四届硬笔书法家大书法作品国展（硬笔书法小品、篆刻、刻字）专场开幕式合影

庆祝中华人民共和国成立 70 周年 祖国万岁 全国第四届硬笔书法家大书法作品国展（硬笔书法小品、篆刻、刻字专场）在深圳宝安开幕

9 月 27 日上午，由中国硬笔书法协会、深圳市宝安区文联、宝安区新安街道党工委联合主办，宝安区公共文化服务中心、新安街道宣传工作部、区教科院、区书协、区硬笔书法协会承办的“祖国万岁”全国第四届硬笔书法家大书法作品国展（硬笔书法小品、篆刻、刻字专场）在深圳宝安开幕。

中国硬笔书法协会主席张华庆，党支部书记、副主席兼秘书长李冰，副主席丁谦、高继承、司马武当，监事长熊洁英，荣誉副主席、广东省硬笔书法协会主席刘青人，主席团委员、广东省硬笔书法协会副主席兼秘书长李庆禄，中国硬笔书协副秘书长赵洪生，中共深圳市宝安区委常委、统战部部长郑新强，区人大常委会副主任苏喜金，区政协副主席杨浩勃等相关单位领导，以及来自广东深圳、东莞、肇庆、梅州、汕尾和宝安的书法家代表等出席活动。

本次展览由中国硬笔书法协会主席张华庆宣布开幕，宝安区文联主席史文集主持。主、承办方单位负责人王曦、郑新强、张华庆分别致辞，李冰宣布四届国展硬笔书法小品获奖入展名单，熊洁英宣布四届国展篆刻、刻字获奖入展名单。

深圳宝安是深港文化之根，历史悠久，源远流长。近年来，深圳宝安书法事业蒸蒸日上，创作成果引人瞩目，培育了大批书法家和书法爱好者。特别是在硬笔书法领域，宝安以“创新”的姿态，走在了全国前列。当前，宝安区正在努力建设中国特色社会主义先行示范区，紧抓粤港澳大湾区建设机遇，积极承担起社会主义先进文化的践行者和引领者这一伟大使命。本次国展在深圳宝安举办精品专场，对弘扬中华优秀传统文化，具有积极的划时代意义。它把传统的中国书法艺术与改革开放前沿城市的结合，以书法精品艺术献礼祖国七十华诞，是助推实现中华民族伟大复兴“中国梦”的重要文艺表达，是落实粤港澳大湾区战略的重要抓手，是推进深圳宝安建设“湾区核心、智创高地、共享家园”的重要举措，不仅迸发出全新的文化活力，还填补了深圳乃至整个南方地区硬笔国展的空白。

本次展览还得到了广东省硬笔书法协会、深圳市硬笔书法协会等单位支持。

展览开幕式结束后举办大型书法讲座，著名书法家张华庆教授做了《弘扬中华文化、践行大书法》的讲座，受到听众热烈欢迎，展览期间举行了雅集笔会。

（记者 张浩 / 通讯员 唐石成）

张华庆、李冰、丁谦、高继承、司马武当等在观看展览作品

张华庆一行应邀赴日本访问开展文化交流活动

中国硬笔书法协会主席、张华庆大书法艺术（日本）馆名誉馆长张华庆，中国硬笔书协书记、副主席兼秘书长、张华庆大书法艺术馆馆长李冰，中国硬笔书协监事长、张华庆大书法艺术馆执行馆长熊洁英5月14日至16日分别赴日本福冈、北九州参加张华庆大书法艺术（日本）馆年度馆务会议，中国硬笔书协副秘书长赵洪生随行。

16日晚，日本北九州书道祭典委员会会长师村妙石举行晚宴热烈欢迎　张华庆一行，李冰、熊洁英、赵洪生和日本福冈、北九州等地30余位书法家应邀出席晚宴，师村妙石、张华庆分别致辞，畅叙两国书法家友好之情，祝愿中日人民世代友好。

5月19日上午，在日本东京，张华庆一行与日本著名女书法家高桥里江亲切会面，高桥里江女士设午宴热情招待张华庆主席等一行，席间双方互赠礼品，日本友好人士宫川女士等陪同。应日本国家电视台新闻部资深著名记者蒋铮邀请，张华庆一行访问日本电视台，在新闻直播间与新闻主播亲切交流，参观了新闻编辑大厅，制作发布厅等。

张华庆、李冰、熊洁英与日本著名女书法家高桥里江合影留念

张华庆一行与师村妙石等出席晚宴的日本书法家合影留念

张华庆一行应邀访问日本电视台，在新闻直播间与新闻主播亲切交流

张华庆、熊洁英赴日本访问，开展文化交流活动

日本北九书道祭典委员会新年会举办 张华庆、熊洁英应邀出席

1月14日，中国硬笔书法协会主席、民进中央开明画院副院长、日本北九书道祭典委员会海外名誉顾问张华庆，中国硬笔书法协会监事长、日本北九书道祭典委员会顾问熊洁英赴日本访问，开展文化交流活动。应邀出席了在日本福冈县北九州市皇冠北九州大酒店举行的2019年北九书道祭典委员会新年会。日本北九州市市长北桥健治，日本国会众议院议员城井崇，国会前众议院议员绪方林太郎，福冈县议会议员岩元一仪，NHK北九州放送局长大木润，西日本新闻北九州木社代表青木忠兴，北九州市议会议员宫崎吉辉，三宅等各界人士200余人出席新年会。

日本北九书道祭典委员会会长师村妙石首先致辞，日本北九州市市长北桥健治发表热情洋溢的祝辞，北九州市议会原前议长平田胜利最后致祝酒辞，新年会午宴洋溢着热烈欢乐的气氛，北九州各界人士与书法家互相交流，张华庆、熊洁英分别与日本友人互赠礼物。

当天上午张华庆、熊洁英应邀赴日本著名篆刻家师村妙石书法篆刻工作室山紫社参加团拜活动。

下午，日本北九州书法界友人赴位于北九州若松片山三丁目的“张华庆大书法艺术馆”参观，执行馆长熊洁英陪同参观，详细介绍了馆藏作品和作者，日本友人饶有兴趣的欣赏了中国著名书画家杨仁恺、文怀沙、沈鹏、王琦、高式熊、韩天衡、张海、苏士澍、庞中华、吴善璋、王家新、沈鸿根等的作品，欣赏了张华庆创作的大书法系列作品。

日本北九州市市长北桥健治发表热情洋溢的祝辞

张华庆、熊洁英应邀赴日本著名篆刻家师村妙石书法篆刻工作室山紫社参加团拜活动

张华庆、熊洁英与日本国会众议院议员城井崇、著名篆刻家师村妙石亲切合影

张华庆向日本北九州市市长北桥健治赠送“福”字，与北桥健治市长，师村妙石亲切合影

中日全体出席雅集活动人员亲切合影

张华庆在京亲切接待日本北九书道祭典委员会访问团一行

5月28日晚，中国硬笔书法协会主席张华庆在北京民族饭店举办雅集与日本北九书道祭典委员会访问团一行亲切会面并设晚宴欢迎日本北九书道祭典委员会访问团一行。中国硬笔书协主席团委员、常务副秘书长高宝玉主持雅集活动。

中国硬笔书法协会副主席陈联合，女书法家分会会长徐晓梅，执行秘书长刘嘉玥，中国硬笔书法协会办公室主任李殿高，会员处副处长潘达，中硬国培公司业务部经理马越、展览科科长吴英鑫等与日本北九书道祭典委员会访问团团长師村妙石，副团长川波猗嶂、鍾ケ江勢二、和田桂香，秘书长矢野萊山，事务局长田原春紫凤等30余位访问团成员出席雅集活动。

中日双方各8位书法名家挥毫泼墨书写了二幅“中日人民世代友好”的长卷

在中日全体出席雅集活动的人员亲切合影之后，中国硬笔书法协会主席张华庆首先致欢迎辞，日本代表团团长师村妙石致答谢辞，随后中日双方各8位书法名家挥毫泼墨书写了二幅“中日人民世代友好”的长卷，表达了一衣带水邻邦的两国书法家衷心祝愿两国人民世代友好的愿望。雅集席间双方互相赠送礼品，宴会正式开始前，中国硬笔书法协会副主席陈联合举杯提议，为中日两国人民和书法家世代友好干杯，席间书法家们挥毫泼墨寄情，展示了高超的书法艺术水平，大家畅叙友情，雅集和宴会始终充满了亲切友好和欢快热烈的气氛。（中硬书协）